本书为教育部人文社科规划基金项目“任务目标框架、情绪与大学生学习投入的调节匹配效应研究”（18YJA880059）的研究成果

任务目标框架、情绪与大学生学习投入的调节匹配效应研究

龙三平　著

图书在版编目（CIP）数据

任务目标框架、情绪与大学生学习投入的调节匹配效应研究 / 龙三平著 . —北京：企业管理出版社，2021.6

ISBN 978-7-5164-2354-7

Ⅰ. ①任… Ⅱ. ①龙… Ⅲ. ①大学生－学习－研究

Ⅳ. ① G645.5

中国版本图书馆 CIP 数据核字（2021）第 057049 号

书　　名：任务目标框架、情绪与大学生学习投入的调节匹配效应研究

作　　者：龙三平

责任编辑：蒋舒娟

书　　号：ISBN 978-7-5164-2354-7

出版发行：企业管理出版社

地　　址：北京市海淀区紫竹院南路 17 号　　　**邮编：**100048

网　　址：http://www.emph.cn

电　　话：编辑部 (010) 68701661　发行部 (010) 68701816

电子信箱：26814134@qq.com

印　　刷：北京虎彩文化传播有限公司

经　　销：新华书店

规　　格：700 毫米 × 1000 毫米　16 开本　14.5 印张　185 千字

版　　次：2021 年 6 月 第 1 版　2021 年 6 月 第 1 次印刷

定　　价：73.00 元

前言

PREFACE

高等教育质量的决定性要素是大学生学习投入的程度，但我国高校在校大学生学习投入方面的现状却不容乐观，具体表现在学习态度消极、计划执行力不足、自主学习能力弱、策略不适应大学学习、师生互动主动性和学习投入度随年级升高而衰减、考试舞弊和挂科留级问题突出等方面。党的十九大报告明确指出，要加快一流大学和一流学科建设，实现高等教育内涵式发展。《国家中长期教育改革和发展规划纲要（2010—2020）》指出，充分调动学生学习积极性和主动性，激励学生刻苦学习，增强诚信意识，养成良好学风。因此，我们必须认识到大学生学习投入相关问题及其影响的严重性，剖析大学生学习投入问题形成的深层次原因，分析和研究其影响因素及认知、心理、行为表现，提出和制订解决问题的方案与实施路径。

本研究在考察和分析我国大学生学习投入现状、影响因素、存在的问题及行为表现的基础上，提出和制订解决相关问题的方案与实施路径。为此，本研究将“调节定向/匹配效应”理论的实际应用作为研究的逻辑主线，运用文献分析与推演、问卷调查、深度访谈、实验研究等方法，深入分析大学生学习投入行为及其各影响因素间的影响关系、作用机理、发生路径以及应对之策。

本研究由六个部分组成：

首先是绪论，主要围绕选题研究背景与研究意义、主要内容与研究思路、研究方法与技术路线等展开论述。

第二部分是文献综述，主要包括任务目标框架与调节定向/匹配效应的相关理论、大学生学习任务目标的相关理论、大学生学习投入的影响因素及测量量表的修订、基于 NSSE 的大学生学业挑战度理论研究综述等。

第三部分是大学生学习投入相关影响因素的作用机理研究，包括学习任务目标对大学生学习投入的影响、基于情绪和感知的学业挑战度对大学生学习投入的影响、产品设计任务目标框架对大学生学习投入的影响、学习任务目标框架对大学生学习投入的影响等。

第四部分是大学生认知/感知决策模式与学习投入的调节定向/匹配效应实验研究，包括四个实验：①调节定向对大学生认知决策模式的影响；②调节定向对大学生感知决策模式的影响；③调节定向与认知决策模式对大学生学习投入的调节匹配效应；④调节定向与感知决策模式对大学生学习投入的调节匹配效应。

第五部分是不同情境下任务目标框架与大学生学习投入的调节匹配效应实验研究，包括六个实验：①任务目标框架与认知决策模式对大学生学习投入的调节匹配效应；②任务目标框架与感知决策模式对大学生学习投入的调节匹配效应；③不同任务难度下任务目标框架与认知决策模式的调节匹配效应；④不同任务难度下任务目标框架与感知决策模式的调节匹配效应；⑤不同情绪状态下任务目标框架与认知决策模式的调节匹配效应；⑥不同情绪状态下任务目标框架与感知决策模式的调节匹配效应。

最后是结论与展望，围绕本研究理论与实证研究发现，梳理并提出主要研究结论，同时指出本研究可能存在的局限性以及未来研究的设想。

目录

CONTENTS

01
CHAPTER

第一章

绪论

第一节　选题背景与研究意义

一、选题背景

育人是高等教育的根本理念，质量是大学人才培养的核心价值追求。大学人才培养的主体是大学生，因此，高等教育质量的决定性要素是大学生学习投入的程度（Kuh，2001；杨立军和张薇，2016）。即使在混合学习（在线学习与传统教学有机整合的学习方式）中，学习投入同样成为决定学习质量的关键变量（龚少英等，2017）。由于我国高校目前的教学管理制度（无论是学年制还是学分制）基本都属于学习任务目标（课程科目量、作业、论文、考试、学时、学分等）导向型，且在学习上要求学习者高度自主、自觉，于是，大学生的学习投入水平便显得更加重要。但我国高校在校大学生学习投入方面的现状却不容乐观，具体表现：学习态度消极、计划执行力不足、自主学习能力弱（陈芳和刘冬岩，2014），元认知策略不适应大学学习、师生互动主动性差（汪雅霜，2013），学习投入度随年级升高而衰减、考试舞弊、挂科留级问题突出（孙智慧，2014）等方面。

党的十九大报告明确指出，要加快一流大学和一流学科建设，实现高等教育内涵式发展。《国家中长期教育改革和发展规划纲要（2010—2020）》指出，要充分调动学生学习积极性和主动性，提高人才培养质量。2019 年 10 月发布的《教育部关于深化本科教育教学改

革 全面提高人才培养质量的意见》明确指出，要提升学业挑战度，强化人才培养方案、教学过程和教学考核等方面的质量要求，科学合理设置学分总量和课程数量，增加学生投入学习的时间，提高自主学习时间比例，引导学生多读书、深思考、善提问、勤实践。

在上述背景下，一方面，大学生在学习投入方面目前存在的相关问题及其表现尚未引起包括大学生在内的社会各方的高度重视，特别是面临巨大的就业压力，人们往往很少从大学生学习投入水平的角度去思考相关问题；另一方面，国内理论界更多聚焦于课程建设、教学方法与策略改革、创新创业教育等领域，而对以大学生为主体的学习行为本身则关注较少。因此，我们必须认识到大学生学习投入相关问题及其影响的严重性，剖析大学生学习投入问题形成的深层次原因，分析和研究其影响因素及认知、心理、行为表现，提出和制订解决问题的方案与实施路径。

二、研究意义

（一）理论意义

目前，我国高等教育进入普及化时代，我们不应该坚持沿用原先的“培养精英”的标准来衡量现在的本科教育教学质量，而应采用多元的全面的高等教育质量观与管理办法。大学生学习投入的相关理论与实践强调要通过严格的学业标准与为学生表现设定高标准来提高学生的学习成就水平和本科教学质量，这恰好与《教育部关于深化本科教育教学改革 全面提高人才培养质量的意见》的相关精神不谋而合。但是国内高校关于如何科学有效地提升大学生学习投入水平，无论是理论上还是实践上，都处于摸索当中。

高校是国家培养高素质人才的重要基地，担负着服务国家经济建设的重任，人才培养质量与社会经济的现实需求直接关联，因此，总结和学习国内外高校开展大学生学习投入水平管理的成功经验，避短取长，从整体上把握和设计、构建和调整我国高校大学生学习行为的管理体系，对深化高校本科教育教学改革、全面提高人才培养质量有着极其重要的理论与现实意义，并进一步拓宽大学生学习行为理论、教学设计理论、学习与学科教学等相关理论研究的思路和视野。

（二）现实意义

项目研究成果使用范围涉及我国高校大学生教育教学管理和大学生工作管理，各高校“十三五”乃至“十四五”期间创新人才培养规划和教学计划的调整与实施，国家在高等教育管理领域相关的政策与规划的制定与调整，统筹推进我国世界一流大学和一流学科建设以及大学生行为分析与管理创新等诸多领域。同时，本项目研究成果也可用于指导高校、教育管理部门在遇到大学生危机事件时制订应对举措，以及为实现我国高等教育领域教育教学管理、学生学习管理的科学化、人性化，进一步推动我国高等教育创新国家战略体系的良性运行，推进我国高等教育内涵式发展和“双一流”建设，并全面提升我国高校的整体竞争力和综合实力，从而全面培育和提升我国高校的核心竞争力和国际竞争力。

在实证研究和深度访谈的基础上，本研究拟将“调节定向/匹配效应”理论的实际应用作为研究的逻辑主线，设计和构建符合中国特色的大学生教育教学管理实验情境，深入分析学习任务目标框架下大学生学习投入及其各影响因素间的影响关系、作用机理、发生路径以及应对之策。相关研究成果力争推广到我国高校实际的教育教学管理过程中，以加速科研成果的社会化进程，项目研究充分考虑到我国高校的实际情况和需求及其教育教学改革方向和本科教学工作的实际需求，所以具有较强的实用性。

第二节　研究目标与研究重点

一、研究目标

在考察和分析我国大学生学习投入现状、问题及行为表现的基础上，提出和制订解决相关问题的方案与实施路径，是本研究的根本目标。为此，项目拟将“调节定向/匹配效应”理论的实际应用作为研究的逻辑主线，分析大学生学习投入及其各影响因素间的影响关系、作用机理、发生路径以及应对之策。具体的研究目标包括：

①编制出中国情境下具有较高信度和效度的大学生学习投入相关变量测量量表，并对相关变量进行“调节定向/匹配”属性的操作化定义。

②在 UWES－S（the Utrecht Work Engagement Scale-Student Survey，乌得勒支工作投入量表—学生版）、NSSE（National Survey of Student Engagement，全美大学生学习性投入调查）等量表的基础上，设计和构建一个学习任务目标框架导向的、适合实验研究的，并符合中国情境的大学生学习投入测量模型。

③构建一个专门的实验网站（教学管理模拟网站平台），围绕相关情境设计虚拟脚本（Virtual Scenarios）进行全程教学情境模拟以获取实验数据。

④设计和构建符合中国特色的大学生教育教学管理实验情境，深入分析中国大学生学习投入问题的影响因素与行为表现。

二、研究重点

通过上述研究，项目拟解决以下重点问题。

①中国情境下大学生学习投入行为决策的模型构建问题。目前关于大学生学习投入问题的理论研究，考虑到了人口学变量、认知感知变量、成就动机变量、情绪情感变量等，但却忽略了一个基本事实：在我国高校目前的教学管理制度下，大学生学习基本都属于学习任务目标驱动的，学习任务目标是大学生学习投入的原动力。因此，如何构建一个既能够全面考虑大学生学习投入复杂影响因素（特别是学习任务目标框架）又能够尽可能简化数据收集与统计分析过程的行为决策模型，是本研究的关键。

②相关变量的测量问题。在中国情境下研究西方教育学、心理学的概念和理论，首先需要在中国环境下对在西方环境中发展起来的相关概念进行效度和信度的检验，对大学生心理、大学生学习行为、情绪、感知/认知模式等受社会、文化、制度和心理因素影响较大的概念更应如此。因此，开发信度与效度指标好且具有普适性的相关变量的测度量表将是必要的和迫切的，也是本研究的重点与难点所在。

③相关理论和概念的中国情境验证问题。中国大学生学习的行为习惯及心理特点均与西方存在着很大的差异，那么国外关于大学生学习投入、调节定向/匹配等相关理论研究的方法和结论在中国是否有效？这也是本研究需要解决的重点问题。

本研究的难点则在于两个方面。

①数据获取。大学生心理活动的隐蔽性、学习行为的私密性与个性化以及价值判断的多元性，使得我们难以通过实地调查和事后回忆等方式获取高质量的数据，且国内尚未建成专业的、第三方的、公益性的大学生行为研究数据库，这在一定程度上增加了项目研究的难度。

②实验过程控制。实验研究通常分为实验室实验和实地实验。前者在实验内容上局限性较强，实验结果的可推广性、普遍性和概括性较差。实地实验的研究者又常常难以对众多有可能影响因变量的实验背景、实验条件进行控制，难以分离出自变量的独立影响。因此，本

项目拟采取以实验室实验研究为主，辅之以实地实验研究，以实现两种研究方法的优势互补。

第三节　主要研究内容与研究思路

一、主要研究内容

本研究由六个部分组成。

首先是绪论，主要围绕选题研究背景与研究意义、主要内容与研究思路、研究方法与技术路线等展开论述。

第二部分是文献综述，主要包括任务目标框架与调节定向/匹配效应的相关理论、大学生学习任务目标的相关理论、大学生学习投入的影响因素及测量量表的修订、基于 NSSE 的大学生学业挑战度理论研究综述等。

第三部分是大学生学习投入相关影响因素的作用机理研究，包括学习任务目标对大学生学习投入的影响、基于情绪和感知的学业挑战度对大学生学习投入的影响、产品设计任务目标框架对大学生学习投入的影响、学习任务目标框架对大学生学习投入的影响等。

第四部分是大学生认知/感知决策模式与学习投入的调节定向/匹配效应实验研究，包括四个实验：实验一，调节定向对大学生认知决策模式的影响；实验二，调节定向对大学生感知决策模式的影响；实验三，调节定向与认知决策模式对大学生学习投入的调节匹配效应；实验四，调节定向与感知决策模式对大学生学习投入的调节匹配效应。

第五部分是不同情境下任务目标框架与大学生学习投入的调节匹配效应实验研究，包括六个实验：实验五，任务目标框架与认知决策模式对大学生学习投入的调节匹配效应；实验六，任务目标框架与感知决策模式对大学生学习投入的调节匹配效应；实验七，不同任务难度下任务目标框架与认知决策模式的调节匹配效应；实验八，不同任务难度下任务目标框架与感知决策模式的调节匹配效应；实验九，不同情绪状态下任务目标框架与认知决策模式的调节匹配效应；实验十，不同情绪状态下任务目标框架与感知决策模式的调节匹配效应。

最后是结论与展望，在本研究得出主要研究结论的基础上，指出本研究可能存在的局限性以及未来研究的设想。

二、研究思路

项目计划在相关文献综述的基础上，通过大学生学习投入影响因素作用机理的相关研究，以相关变量测量量表的设计、检验以及操作化定义为抓手，将大学生学习投入行为决策研究这一大问题分解为可以逐步通过实验研究验证的，具有严密逻辑关系的几个问题（10 项独立操作的实验），充分利用项目申请人所在高校现有的省级教学实验室、认知行为研究实验室［新加坡南洋理工大学新加坡国立教育学院（NIE）］以及相关高校教学合作基地的科研业务合作关系，同时通过自行构建或合作共建的方式设计实验情境（教学管理模拟网站平台），科学合理地选择在校大学生样本进行一系列实验研究，并通过最终的总结和建议，完成本项目研究主题的系统探索。此外，项目计划在实验研究的基础上，按照理论抽样的要求，选择一定数量的大学生代表和部分工作在学生管理第一线的辅导员老师以及教学第一线的任课教师进行深度访谈，从大学生个体特征、家庭背景和专业背景等方面进一步了解大学生学习投入相关变量之间相互影响的内在作用机制及其显著性程度，检验实验研究的结论。

第四节　研究方法与技术路线

一、研究方法

基于上述研究思路，本项目主要采用如下几种研究方法。

1. **演绎归纳和文献分析法**

通过借阅图书馆藏书及网站搜索期刊论文和电子书库中文献，有针对性地阅读国内外以往和最新的大学生学习/学业投入问题研究的相关文献，确定本研究的研究架构、研究方法、变量选取以及各个变量的具体研究维度和衡量指标。同时，为深刻理解并厘清本项目研究所涉及的相关概念的内涵、特征及属性，项目拟采用科学计量法中的文献引文分析以及知识图谱可视化分析（陈超美，2009）方法，并结合演绎归纳方法，梳理国内外主流理论研究文献，为相关变量的操作化定义提供理论依据。

2. **实验研究法**

项目拟以实验室（教学管理模拟网站平台）实验研究为主，辅之以实地实验研究，利用 Visual Studio 图形化设计程序在现有教学/认知行为研究平台中建立虚拟实验场景，用以描述虚拟实验的实验构成、场景生成、实验进行过程等。同时，项目拟采用一系列 2X2 的组间实验设计，根据相关情境设计虚拟脚本供被试进行全过程大学教学管理的情境模拟，以获取最接近真实状态的相关数据，实验获取的数据拟采用最新版专业统计软件 SPSS23. 0（Process）进行分析处理。

3. **深度访谈**

计划通过与 50 ~ 60 名具有不同人口统计特征和专业背景的在校大学生、任课教师和辅导员进行深入交谈，引发受访者提供有关学习任务目标框架及其难度水平、情绪状态、自我调节定向、认知/感知决策模式等相关变量影响的经历，并描述自己所采取的对策及其成效等，基于受访者自由表达的观点，对实验研究成果进行深入的分析与检验，相关数据将为本项目实验研究基础数据提供补充，同时也成为进一步典型案例研究的重要素材。

二、技术路线

项目研究的技术路线如图 1－1 所示。

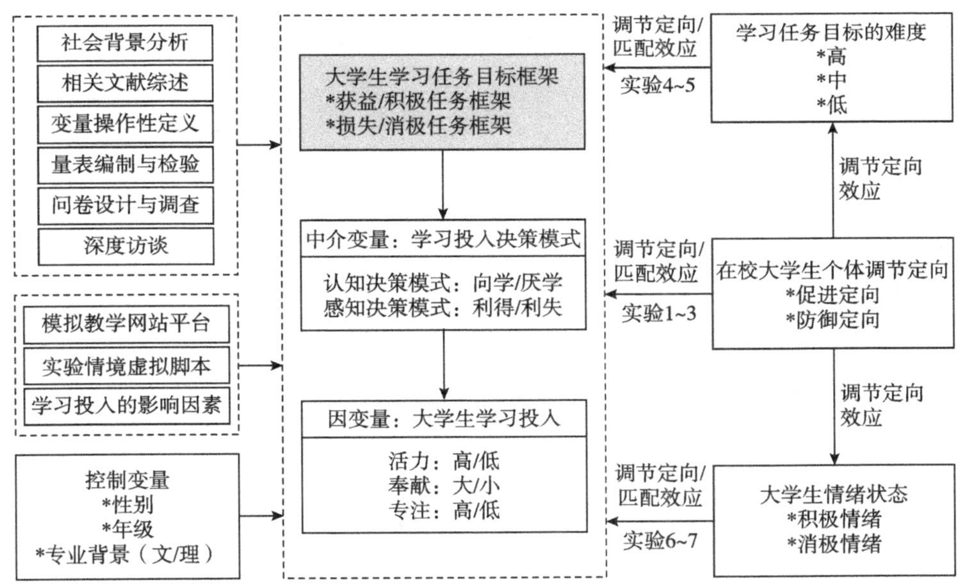

图 1－1 本项目研究的技术路线

第二章

相关文献综述

第一节　任务目标框架与调节定向/匹配效应的相关理论

一、任务目标框架的相关理论

（一）理论背景及相关概念界定

1. 任务目标框架的相关背景理论

框架效应（framing effect）的理论由 Tversky 和 Kahneman（1981）提出，两位学者经过对框架效应的初步研究，提出了两种应对风险的策略之间的选择，例如从两种治疗方案中选择一种方案来治疗一种疾病，其中治疗方案被定为收益或损失。收益框架提供了一个安全的选项（有固定数量的病患被成功救治），一个风险的选项（有 1/3 的概率每位病患都被救了，2/3 的概率没有病患被救）。损失框架提供了一个安全的选项（有固定数量的病患死亡），还有一个风险选项（1/3 的概率没有病患死亡，2/3 的概率每位病患都死亡）。一系列价值函数的研究结果以及前景理论表明当前景被设定为收益时，人们更厌恶风险，更喜欢固定期权，而当前景被设定为亏损时，人们更喜欢风险期权，并且消极框架的影响更强。

而 Pratto 和 John（1991）则声称，如果两个结果都涉及相同的风险或两者都得到保证，那么前景理论可能无法解决框架效应。他们用进化论的观点解释了这种不对称性，因为消极事件（如避险）比积极事件（如进食）的紧迫性更强，因此，对某些决策者来说，不清楚哪种选择风险更大。例如，做乳房 X 光检查是有风险的，因为它有可能发现乳腺癌，但是不做乳房 X 光检查也是有风险的，因为它意味着乳腺癌发展得不到控制。

Dweck 和 Leggett（1988）根据目标定向理论分析个体的任务目标框架效应，认为个体有追求目标的动力，并且追求某一目标可以通过学习目标定向（Learning Goal Orientation，LGO）或绩效目标定向（Performance Goal Orientation，PGO）来实现。LGO 指导个体学习新事物，或在某项学习活动中提高参与度，它与个体学习、掌握，寻求挑战，甚至在困难的条件下也能有效应对挑战，并将失败视作伴随着积极情绪的有用反馈的状态密切相关。相应地，PGO 指导个体围绕绩效达成目标设定并实现学习目标，它提倡避免失败情况的发生。因此，目标的实现意味着在成功之后得到积极的反馈，而失败的负面反馈被认为是消极的结果。根据 PGO 的观点，失败归因于能力的缺乏，因此低学习参与度与失败后的消极情绪和焦虑有关。反过来，与 PGO 相关的焦虑也会影响绩效，尤其是在需要重点关注的复杂任务中。相关研究表明，受任务类型的影响，LGO 在创造性任务和常规性任务中的作用可能会不同（Dweck，2017）。这是因为，常规性任务需要警惕性、随时错误检测和集中注意力，PGO 可能是有益的，因为它将注意力引导到特定的目标上。而创造性任务是复杂的，因为需要不止一个答案，因此，与个体完成创造性任务相比，PGO 可能会使个体在完成常规性任务时有更大的改善，而 LGO 则被发现有利于个体完成创造性任务。

2. 目标和目标设定的内涵界定

Ferguson（2000）将目标（Goal）定义为一个表示人们期望所得的一般性概念。根据 Locke 和 Latham（2002）的定义，目标通常是一个在规定时间限制内行动的目的或目标，例如，达到一个特定的熟练标准。Elliot（1997）认为目标是通过关注特定结果来指导个人行为的认知表征。这些相关的定义有一个共同的线索，即目标设定基于人类有目的、有意识的行为。因此，目标是个人希望通过有目的的行为达到的。

在教育领域，个体在选择支持下对生活有一定控制的感觉与自我效能感和参与重要目标任务的意愿呈正相关。我们假设这些结构构成目标承诺的水平或决定承诺的水平，因此，与设定困难的目标正相关。换言之，对更高水平的控制和目标承诺（自我效能信念和参与重要目标任务的意愿）的感知会影响个人设定困难目标的意愿，并由此影响到实现这些目标的努力（Vieira 和 Grantham，2011）。通过文献分析，我们发现，几乎没有研究将非情境目标设定作为一个过程，包括将先天特质自主性的前因作用，以及特质自我效能信念和参与重要目标任务过程中的情绪状态作为相关变量。因此，本研究的目的是扩展我们对学习目标设定的理解，将其作为一个相互依存的过程，并将其应用于大学生。

目标设定（Goal-setting）理论源于工业/组织（I/O）心理学归纳性的发展。基于大约400个工业实验室和现场研究的结果表明，特定的、高（难）目标导致的任务绩效要比简单目标或模糊的抽象目标（如敦促“尽力而为”）要更高。在同样具有达到目标的必要能力且没有目标冲突的前提下，任务目标难度与任务绩效之间存在正线性关系。因为目标是指未来有价值的结果，所以目标的设定首先是差异性的创建过程，它意味着对一个人的现状和实现目标或结果的渴望存在不满。目标与外界影响相关，因为目标为绩效的自我满足设定了主要标准。高目标或难目标之所以具有激励作用，是因为与低目标或简单目标相比，高（难）目标能够使得一个人获得更高的满意度。人们在工作场所获得成功的感觉是，他人看到他们能够通过追求和实现重要而有意义的目标来成长并应对工作挑战（Locke 和 Latham，2006）。

一般地，目标和行为绩效之间的关系有四种机制或中介：与中等难度的目标、容易或模糊的目标相比，高目标将促成更大的努力和/或持久性；目标将注意力、精力和行动指向与目标相关的动作，并以无关的动作为代价；由于行为绩效是能力和动力的函数，目标效果也取决于拥有必要的任务知识和技能；目标可能只会激发人们使用现有能力，可能自动将与任务相关的知识存储到意识中，和/或激发人们寻找新知识，而当人们面临新的复杂任务时，后者最为常见。

目标与自我效能感（即针对特定任务的信心）通常会介入或部分介入对其他潜在动机变量的影响过程中，如人格特质、反馈、参与决策、工作自主性和金钱激励等。目标设定的关键是当事人的反馈，人们需要这些反馈来跟踪当事人的进度，通过自我效能感增强其对目标的重视程度并对目标实现达成承诺。目标设定理论具有较高的内部和外部有效性。目标一般是有效的，即使它们的来源不同。它们可以由其他人分配，也可以由参与的当事人共同设定，也可以自我设定。在后一种情况下，目标是自我调节的关键要素。因此，目标设定理论是一种“开放”理论，因为随着新发现的出现，新的元素也随之增加。

3. 信息框架的内涵及应用范围

信息框架（Message Framing）被定义为语义不同但客观上等价的信息的呈现。例如，一杯水可以描述为“半满”或“半空”（Krishnamurthy 等，2001）。框架的概念在心理学中是众所周知的，表现在得失的权衡方面。一个人对一个高目标的评价是挑战还是威胁，对他的行为表现有很大的影响，即当人们认为高难度目标具有威胁性时，分配高难度目标可能不会有效。Drach-Zahavy 和 Erez（2002）发现，当一项任务被改变以带来新的挑战（但目标难度保持不变）时，被要求将某种情况视为威胁（关注失败）的人取得的绩效明显低于那些被要求将这种情况视为挑战的人（关注成功和努力）。

在相关文献中，信息框架是一种理论上有说服力的沟通策略，旨在通过提出等效的诉求来促进感知、判断、态度和行为改变，并根据所获得的利益或所产生的负面后果来制订框架。积极框架信息强调参与行为的好处，消极框架信息则强调不参与行为的不利后果（Gerend和Cullen，2008）。相关研究发现，积极和消极的信息框架可以对个人行为产生不同的影响。扩展的前景理论认为，积极或消极信息的有效性取决于被推荐行为的感知风险。与特定行为相关的风险程度取决于行为的目标是检测还是预防疾病。例如，戒烟、节制性饮酒和身体锻炼等行为的目的是预防疾病和降低生病风险，从事这些行为的个人通常将其视为降低风险的安全行为。因此，积极信息框架比消极信息框架更为有效。相比之下，做了乳房X光检查的个人可能会发现疾病，并形成对健康的负面预期，因此，消极框架信息比积极框架信息更为有效。此外，宣传产品或行为的信息内容通常会说明参与该行为的后果和信息接收者所承担的后果（如，每天不锻炼，将有损于你的身心健康）。相反，当行为的目的是利他主义的（如慈善捐赠或器官捐赠），则很难评估信息接收者的感知风险。因为信息内容所述的对象不是信息接收者，因此经历这种行为后果的人是其他人（如，如果你捐款，患有严重疾病的人将有机会康复）（Reinhart等，2007）。

但一些关于信息框架的研究发现并不支持前景理论。Levin和Gaeth（1998）在研究中考察了三种不同类型的框架：风险选择框架、属性框架和目标框架。应用前景理论的风险选择框架可以改变框架的积极或消极方面以及每个选项中的风险。属性框架使用正向或负向的表述操纵相关事件的单个特征。例如，人们可能会用75%的瘦肉（积极框架）或25%的脂肪（消极框架）来评估肉类的质量。这些描述在逻辑上是等价的，但是积极框架产生了更有利的评价，可能是因为它们在信息接收者的记忆中唤起了更多的积极联系。目标框架在两条消息推荐相同的行为以实现目标的场景中改变了一个动作的目标，但是结果的描述方式不同。积极目标框架描述的是行为所产生的理想结果（如定期锻炼以获得健康），消极目标框架描述的是避免不良结果（如定期锻炼以避免生病）。也就是说，消极目标框架产生了更大的顺应性，这一发现与前景理论相一致。后来的研究比较了这三种类型的框架，发现个体生活或学习的现状对风险选择框架和属性框架来说是可靠的，但对目标框架没有影响。研究人员将目标框架效应的不可靠性与调节变量联系起来，如个人对问题的参与、处理深度，经验，或者目标行为是否涉及防御或检测等。

（二）任务目标框架的相关理论研究

1. 任务目标框架作用机制的相关研究

Tversky 和 Kahneman（1981）的价值函数表明，人们的风险决策偏好与任务目标框架有关，获益/积极框架会诱发机会认知而导致冒险，损失/消极框架则易产生威胁认知而导致规避风险。而在任务目标框架作用机制的相关研究中，一个关键问题是，没有一个研究区分结果框架和推荐行为的价值。在这些研究中，推荐的行为总是可取的，行为的价值取决于行为是被执行的（积极的）还是不被执行的（消极的）。例如，在 Robbson 和 Rogers（1998）的《呼吁健康》一书中，关于积极的框架是这样表述的——“参与定期锻炼计划的好处之一是增加体能和耐力”，关于消极的框架是这样表述的——“不参与有规律的锻炼计划的坏处之一就是体能和耐力的下降”。在积极框架条件下，目标行为（锻炼）的价值和结果框架（体力增加）都是积极的。在消极框架条件下，目标行为（不锻炼）的价值和结果框架（体力下降）都是消极的。

Krishnamurthy 等人（2001）的研究将积极行为框架（接受治疗）与积极框架的结果（获得更好结果的机会）相结合，并将消极行为框架（不接受治疗）与消极的结果（放弃获得更好结果的机会）相结合。这些研究得到了有价值的结果，但是他们的设计没有将目标行为的价值与结果的框架进行交叉，因此这两个变量中的哪一个决定了反应是不确定的。可能行为的价态对反应的影响大于结果框架。积极的结果和消极的结果可以用不同的方式来描述，因为好的结果可以用获得收益或避免损失来描述，而坏的结果可以用放弃收益或遭受损失来描述，适应性行动的结果可以从促进重点或防御重点两个方面来描述，而这些方面的结果框架会对反应产生影响。Krishnamurthy 等人同时指出，不同的结果目标框架涉及一个固有的混合框架，因为它也改变了期望结果和不期望结果的显著性。他们通过改变“相同结果”的目标框架来处理这个问题。相比之下，目前的研究是通过控制行为变量和结果框架之间的潜在混合来处理这个问题。因此，设计跨越了准备行动的价值（即“准备充分”或“准备不足”）与结果框架（积极的框架结果——“安然无恙地生存”与消极的框架结果——“经历伤害”）。这个设计使我们能够弄清楚这两种操作中哪一种对框架效果至关重要。

基于前景理论中的“损失大于收益”的核心思想，相关研究预测消极框架的结果比积极框架的结果对准备意图的积极影响更大。研究表明，在准备危害方面，实际行动（准备）和非行动（未准备）被视为不同的变量，而不是参数连续体。与失败（未完成）的行动相比，完成的行动更容易获得解释性框架，因为完成的行动比失败的行动更能解释结果。这种模式表明，一方面，完成的行动（准备中）可能比失败的行动（没有准备）对准备意图有更大的积极影响。另一方面，总体而言，消极信息（不仅仅是关于结果的信息）比积极信息更具权重，这意味着失败的行动（没有准备）比完成的行动（准备）对准备意图的影响更大。特别是当运动与健康相关时，消极框架比积极框架更能产生强烈的锻炼意图。然而，当目标是自尊时，积极框架更有效，这是因为有规律的锻炼是变得健康的先决条件，而自尊则不是如此

（Paton 等，2006）。

2. 任务目标框架在特定领域应用的相关研究

关于信息框架的研究表明，人们对决策的表达方式非常敏感，对正面或负面信息的反应也不同，特别是当一种行动或行为的目标可以用得失来界定的时候。收益或积极框架消息强调与遵从性相关的优点，即采取行动所能获得的好处。然而，损失或消极框架信息强调与不遵从相关的损失和劣势，即不采取行动所造成的损失。因此，任务目标框架促进了相同的行为，但在不同的情境中确定了一个人的行为和目标达成之间的关系。虽然相关研究大多集中在与健康相关的领域，但任务目标框架也同样适用于消费者选择领域（Chang 和 Wu，2015）。例如，虽然正面框架的报价可能会突出追加销售选项的收益和优势，从而促进积极成果的实现（例如，“当您改为预订此房间时，由于房间大，您住得将会更加舒适”），但负面框架的报价可能会强调保留最初选择的潜在损失和劣势，从而突出了避免负面结果的可能性（例如，“当您坚持原有预订时，您可能会因为房间太小而感觉不太舒适”）。

为了了解目标框架如何影响追加销售决策，利用决策及时性理论（DJT）是很有用的。研究人员认为，面临选择冲突的人往往会选择那些能够减轻未来遗憾并易于证明的选择。例如，当人们需要在功利性产品和享乐性产品之间做出选择时，他们往往会选择前者，因为选择享乐性产品比选择功利性产品更难证明其合理性。因此，顾客可能觉得他们需要“赢得权利”来消费享乐产品。此外，相关研究也重新考虑了行动和后悔之间的联系，认为后悔的产生取决于一个人对某种行为正当性的评估，而并非不作为（Sanner，2019）。换言之，由于个体厌恶后悔，他们试图通过增加决策的正当性和减少经验和预期的后悔来调节自己的决定。因此，相关学者认为，面临追加销售决策的客户可能不一定更喜欢两个选项中的某一个，而是可能选择有最佳理由支持并减轻预期遗憾的选项。反过来，这可能由用于促进追加销售的目标框架决定。因此，任务目标框架促使顾客想象他们的决定的后果以及伴随这些决定的感受。

虽然收益框架通常会产生积极的影响，但是损失框架更易于引发恐惧情绪。特别是，以损失为框架的追加销售信息强调了坚持初始选择时可能出现的不利因素，可能会引发防御倾向（即担心“更糟”报价的负面后果），从而导致更高程度的预期后悔。也就是说，损失框架报价鼓励客户预测由于不作为而产生的遗憾，即他在保留最初的选择并随后得知接受追加销售选项会更好时所经历的后悔（即预期的不作为后悔）。相比之下，收益框架鼓励客户想象追加销售优惠的潜在优势，这可能会引发促销倾向（即关注“更好”选项），因此，可能不会引发预期后悔，其影响程度与损失框架相同。

这种推理也得到了“坏比好强”的一般原则的支持。在各种各样的心理现象（如情绪、事件、信息、反馈）中，人们已经发现，消极信息对个人的影响（即施加的影响）比正面的更大。遵循这一原则，损失框架比收益框架更容易引发预期后悔，因为它们关注的是“坏的”（即坚持初始选择的不利因素）而不是“好的”（即选择追加销售选项的好处）。因此，损失框架可能为转向追加销售报价提供更有力的理由，即在最初的决策中所花费的努力将缓和损失框架对客户选择追加销售选项可能性的影响。损失信息框架鼓励客户预测与坚持最初选择的选项相关的遗憾（即预期的不作为后悔），从而提出强有力的理由来证明决策转换的合理性，而获益信息框架则鼓励客户想象转向追加销售的好处。这些信息可能无法提供足够有力的论据来释放认知锁定，但也可能不会像丢失框架信息一样引发预期的遗憾。

二、调节定向/匹配效应的相关理论

1. 自我调节定向/匹配效应的相关理论背景

自我调节定向也可称为调节聚焦（Self-regulatory Focus）理论，是

Higgins（1997）在超越和发展了动机的享乐主义原则的基础上提出的。该理论指出，个体同时存在促进性和防御性两种性质不同的自我调节方式：促进性调节指向成就、期望、抱负等理想目标，在追求目标时偏好使用渴望/接近策略；防御性调节指向安全、责任、义务等应该目标，在追求目标时偏好使用警惕/回避策略。在个体追求目标的过程中，当其所使用的行为策略或者当前任务情境中的信息线索支持他们的自我调节定向时，会产生一种匹配性动机作用，会对个体的决策行为、任务绩效、评价态度以及情绪体验等产生广泛影响，即调节性匹配效应（Higgins，2000）。

自我调节定向理论首先假设享乐主义原则在满足根本不同的需求时应该有不同的运作方式，例如养育（如营养）和安全（如保护）的不同生存需求。人类的生存需要适应周围的环境，特别是社会环境。为了获得其生存所需的养育和安全，儿童必须与支持、鼓励和保护他们且为他们提供养育和安全的看护人建立关系和维持关系。为了使这些关系发挥作用，儿童必须了解他们的外表和行为如何影响看护人对他们的反应（Bowlby，1969）。正如享乐主义原则所建议的，儿童必须学会如何表现才能接近快乐和避免痛苦。但是，关于调节快乐和痛苦的知识对于养育和安全的需要是不同的。调节定向理论认为，养育相关调节与安全相关调节在调节重点上存在差异。

在早期关于自我差异理论的文章中，Higgins（1989）描述了特定的看护儿童互动模式如何增加儿童获得强烈期望的最终状态的可能性。这些期望的最终状态要么代表他们自己或重要的其他人对他们的希望、希冀和愿望（强烈的理想），要么代表他们自己或重要的其他人对他们的职责、义务和责任的信念（强烈的义务）。调节定向理论认为，与强理想和强义务相关的自我调节定向在调节重点上有所不同。理想的自我调节定向包括一个促进的重点，而义务的自我调节定向则包含一个防御的重点。为了说明这两种调节重点之间的区别，我们可以简单地考虑一下，当儿童与看护人的互动涉及促进重点和防御重点时，他们的快乐和痛苦体验以及他们对自我调节的了解是如何变化的？更一般地，自我调节定向理论区分了以下两种理想的最终状态：一是愿望和成就（促进定向），二是责任和安全（防御定向）。正如看护者对儿童行为的反应告诉儿童如何达到理想的最终状态一样，领导给员工的反馈或老师给学生的反馈是一种可以传达非增益信息（促进相关结果）或非损失信息（防御相关结果）的情况。提出任务应急或“如果当时”规则的任务指令，关于哪些行动产生了哪些后果，也可以传达非增益（促进）或非损失（防御）信息。因此，自我调节定向的概念比仅仅通过社会化方式进行强化的促进定向或防御定向应该更为广泛。

Higgins（2002）指出，人们有动力接近期望的最终状态，这可以是促进定向的愿望和成就，也可以是防御定向的责任和安全。但是，在这种有关所期望的最终状态的一般方法中，自我调节定向可以诱导或避免策略倾向。因为促进定向的重点涉及对积极结果（存在和不存在）的敏感度，因此倾向于与期望的最终状态匹配是促进自律的自然策略。相反，由于防御定向涉及对消极结果（其缺失和存在）的敏感性，避免与期望的最终状态不匹配的倾向是防御自我调节的自然策略。Higgins 系列理论中的关键概念是，当人们体验到一种调节匹配时，即当他们当前执行的行为符合他们的自我调节取向（即促进定向或防御定向）时，他们的功能会更加有效和持久。

2. 自我调节定向的内涵及作用机制

个体为达到特定目标会努力改变或控制自己的思想、反应，这一过程被称为自我调节。个体在实现目标的自我调节过程中会表现出特定的方式或倾向，即自我调节定向。调节定向根据所支持的需要类型分为两种：一是与发展需要（Advancement，即成长、发展和培养等）相关的促进定向（Promotion Focus）；二是与安全需要（Security，即保护、义务、免受伤害等）相关的防御定向（Prevention Focus），见图 2－1。

两种调节定向在目标实现过程中的表征和体验模式完全不同：促进定向将期望的目标状态（Desired End-states）表征为抱负和完成，在目标追求过程中更关注有没有积极结果，更多地体验到与喜悦—沮丧相关的情绪；而防御定向将期望的目标状态表征为责任和安全，在目标追求过程中更关注有没有消极结果，更多地体验到与放松—愤怒相关的情绪。例如，对于改善人际关系这一目标，促进调节定向的个体会将其表征为加强社交联系和避免失去社交机会，而防御调节定向的个体会将其表征为消除不利于社交联系的隐患和避免社会排斥。

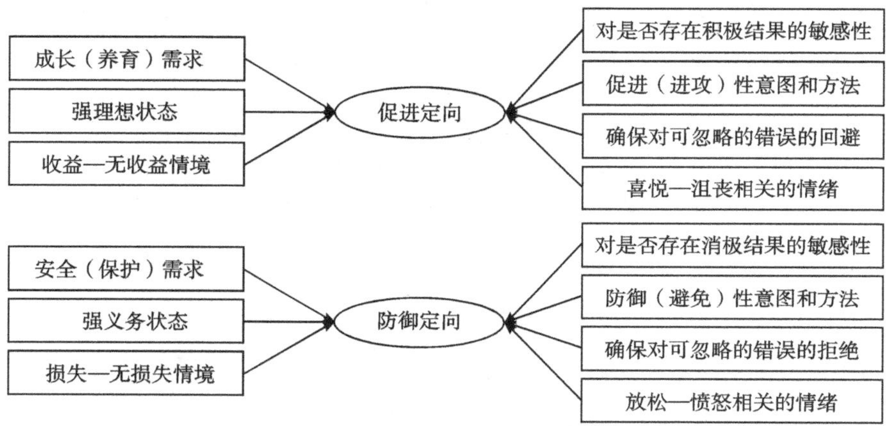

图 2 - 1　自我调节定向的作用机制

图 2 - 1 总结了迄今为止讨论的与促进调节定向和防御调节定向有着不同关系的不同心理变量集以及作用机制。在输入端（图 2 - 1 的左侧），成长需求、强烈的理想以及收益—无收益情境诱导了一个促进调节定向，而安全需求、强大的义务以及损失—无损失情境引发了一个防御调节定向。在产出方面（图 2 - 1 的右侧），促进定向对积极结果的存在或不存在产生敏感性，并将进攻作为策略手段；而防御定向则对消极结果的存在或不存在产生敏感性，并将规避作为策略手段。调节定向关注的是人们如何以不同的方式对待快乐和避免痛苦。这意味着，绩效、情绪、决策等方面的差异可能会作为一种独立于享乐主

义原则本身的调节定向而发生。这甚至意味着，一些传统上用享乐主义术语解释的现象可能会在调节定向方面得以重新认识。

3. 自我调节匹配的内涵及作用机制

根据自我调节定向理论（Higgins，1997），个体通过自我调节以使他们的行为符合两个期望目标之一，即防御目标或促进目标。促进目标与成长的需要、对希望和抱负的关注以及寻求积极成果的渴望相联系；防御目标与安全的需要、对责任和义务的关注以及避免消极结果的愿望有关。研究表明，如果相关信息的定位或框架符合其调节定向特质，个体会感觉更好，对相关信息的评价也会更积极。也就是说，以防御为中心的个体更注重与损失相关的信息框架，即他们对非损失的感觉更好，但对损失的感觉更差；而以促进为中心的个体更强调与收益相关的框架，即他们对收益的感觉更好，但对损失（非收益）的感觉更差。这一现象即为自我调节匹配效应（Higgins，2002）。

此外，当人们使用符合调节定向的追求目标的手段时，他们会体验到调节匹配的效果。一方面，受促进和成就激励的行动者使用渴望实现目标的方式，以确保积极成果的存在（例如，“我将尽我所能，确保一切顺利并帮助我得到我想要的，最大限度地提高积极成果”）。具有促进调节定向的个体在具备追求目标的激进手段（即促进调节定向与渴望之间的契合）时，会体验到调节匹配的效果。另一方面，防御定向者使用警惕的追求目标的手段，以确保没有负面结果（例如，“我害怕任何事情出错，阻止我避免负面结果”）。具有防御调节定向的个体在为追求目标而采取的防御性手段（即防御性调节定向和警惕性之间的契合）中体验到调节匹配的效果。

动机经验通常是根据预期结果来概念化的，但这种体验也可以产生于一个人对某项活动的动机取向与该活动进行方式之间的关系。当人们使用与当前动机倾向相适应并维持其当前动机取向的策略进行活动时，他们会经历调节匹配效应，而当他们以一种不符合并扰乱他们当前动机取向的方式进行活动时，他们则会经历调节不匹配效应（Higgins，2006）。例如，准备参加马拉松比赛的运动员如果将此目标作为实现个人成长的机会，那么他将采用风险和创新的训练方法来体验调节性匹配，这种训练方法可以促进成绩优异并保持对进步的关注，但如果采取更谨慎的和防御性的训练方法，可能只产生令人满意的表现，但却打乱了对成长的关注。相反，如果把这一目标作为必须保持的个人标准，那么他会采取谨慎的训练方法来体验调节性的适应，而通过采用更具风险的训练方法来打破这一定向，则会出现调节不匹配。研究表明，由调节匹配产生的主观经验是对自己所做事情的认同感，与对轻松或流畅的感知以及自信或自我认同的感觉有关。相比之下，由于调节不匹配的情况而产生的主观经验是对自己所做事情的不认同感，这种感觉与困难或不顺利以及缺乏信心或认同感有关。尽管这些认同与否的感觉分别是积极的或消极的体验，但它们不同于一般的情绪，因为它们对一个人当前的感觉和评价是否有效有着特定的影响（Gawronski 和 Bodenhausen，2006）。总而言之，在促进定向和采取积极措施以取得积极成果与在防御定向和采取警惕措施以防止消极结果之间存在着自然的匹配（Higgins，2001）。

第二节　大学生学习任务目标的相关理论研究

一、学习任务目标的相关概念界定

1. 关于学习任务的内涵说明

Johnson 等人（2017）将学习任务定义为“教师对任务的预期目的、教师执行任务的意图、学生承担任务的活动以及人工制品”。根据这一定义，学习任务可以包括问题陈述、工具和构造对象（旨在支持学生推理的对象)，并包括书面材料等。书面材料来源于教师和学生在完成任务过程中的行动。教师设计的学习任务不仅仅是问题的陈述，还有更深层次的意图——促使学生参与更深入的学习，而不是产生一个正确的答案。当学生能够在没有任何真正的推理的情况下回答出所给的问题，这就是一个学生仅仅给出正确答案的例子，在这种情况下，学生们似乎不仅仅是在学习一个程序，而是在学习内容。

任务理解是学生参与学习任务的基础，因为对学习任务的理解可以“启动学习并确定学习方向”。学生对学习任务的理解也是对教师任务设计的诠释，这包括学生对任务的书面和口头解释进行解释，形成自己对任务的描述，并理解他们需要做什么。然而，学习任务不仅仅是明确的指示，任务描述中可以隐含预期的目的、相关资源的知识以及对思维过程的推导，以期学生能够理解任务内容。而上下文知识，如特定学科的思维方式、语言特点，也是学习任务的基础，这些共同构成了学习任务内涵理解的三个层次：显性、隐性和社会背景（Beckman等，2019）。考虑到学习的复杂性，个体对学习任务的解释不一定是统一的或固定的，而是受到一系列任务条件的影响，包括来自老师和其他同学的提示，随着学生和教师参与到相关学习任务中，这种理解很可能会随着时间的推移而改变。相关研究表明，对学习任务有准确和更完整理解的学生更有可能获得更好的学习成果，因为他们有一个明确的标准来评估自己的进步。相反，对学习任务理解不清楚的学生，其学习成果可能不甚理想，因为对学习任务理解不清和监控措施的缺乏，必定会阻碍他们调节学习节奏和成功完成任务。

2. 学习目标与学习目标导向的内涵分析

Ferguson（2000）将目标视为一个表示人们期望所得的一般性概念。根据 Locke 和 Latham（2002）的观点，“目标是一个行动的目标或目的，例如，达到一个特定的熟练标准，通常在规定的时间限制内”，并认为目标是通过关注特定结果来指导个人行为的认知表征。

这些定义有一个共同的特点，即认为目标设定基于人类的有目的的有意识的行为（Latham 和 Locke，1991）。因此，目标是个人希望通过有目的的行为而达到或达成的。Bandura 和 Locke（2003）将学习目标（Learning Goal）定义为“一种预期学习状态的内在表现”，而目标导向则代表一种信念模式，用于指导个体接近、参与和回应学习成就情境，是个体设定其学习目标的内在原因。

学习任务的目标结构和个体的学习目标取向一直是动机和自我调节学习领域的研究热点。一个人的目标取向代表了一种信念模式，它导致了“接近、参与和应对成就情境的不同方式”。成就动机理论的研究者解释了个体接近、参与和应对成就情境的不同方式，通过关注涉及能力的行为来应对成就情境。具体而言，个人可能会努力避免不称职，或者渴望在成就情境中获得能力（Elliot 和 Harackiewicz，1996）。这种方法将目标取向分为两类：一种是能力/表现取向，在这种取向中，学生要表现出与同龄人相比更强的能力；另一种是学习目标取向，即学生更关心掌握学习材料本身。Elliot 和 Harackiewicz（1996）呼吁重新审视由掌握目标和绩效目标组成的目标理论。更具体地说，他们建议这两个绩效目标应包括一个旨在避免失败或不称职的目标导向，以及一个旨在展示能力的目标导向。于是提出了包括掌握、绩效方法和绩效回避三个学习目标取向的框架，以便能够更好地捕捉目标导向的动机谱，并根据目标导向的结果提供基于自我调节的取向。

相关研究结果表明，学习兴趣、学习任务价值和掌握学习目标等动机成分之间存在着强烈的正相关关系。此外，学习目标的采用与学生认为努力学习会导致成功的信念呈正相关，而失败则可归因于策略选择不当或学习努力不足。这种方法被认为是一种适应性的归因模式，当学生面临困难的学习任务时，该模式允许学生的情感保持积极，对未来的期望保持不变。虽然关于掌握学习目标与行为和语境调节之间关系的研究并不那么具有实质性，但已有一些研究表明两者之间存在着积极的关系。所有这些关于掌握学习目标的采用与自我调节之间关系的研究结果表明，掌握学习目标通常与有效的自我调节技能的使用有关。如果一个学生采用了一个绩效目标，并且最感兴趣的是超越他人和/或向同龄人展示自己的能力，那么，这个学生可能不太愿意向其他人展示他缺乏能力的一面。因此，这名学生不太可能做出暴露出他不称职一面的行为，例如付出必要的努力来使用更深层次的认知策略。当学生面对的学习任务不能吸引他们的兴趣或促使他们挑战时，专注于战胜他人可能会使学习任务变得不那么枯燥，结果可能会导致学生使用更多的自我调节技能（Masuda 等，2015）。

二、大学生学习任务目标的相关理论研究分析

1. 大学生学习任务目标的研究现状

目前的相关研究不仅关注教师的教学内容，还努力帮助学生发展学习目标，使学习活动得以高效开展。目标设定、自主动机、通过创造性和创新性解决问题、发展和使用批判性思维技能是大学生学习所不可或缺的（Savery，2006）。一个人建立具有挑战性但可实现的学习任务目标的能力和意愿是评估选项、做出决策、计划和实现有意义的成就所必需的。例如，Sideridis（2001）在其两项研究中发现，保持高 GPA（Grade Point Average，平均成绩点数）的重要学习任务目标导向有助于学生建立实现目标的信念，意识到为了目标而努力的重要性，增强实现目标的意图以及做出积极学习的行为，如学习计划等的形成，这将给学生带来长期的学习满意度。Kennett 和 Keefer（2006）在一项针对本科生的研究中发现，在学术上自我调节好和自信程度高的学生在学业上表现良好。另一项研究发现，在学期开始时以学习任务目标为导向的大学生，在学期末对课程产生了高度兴趣。这些研究表明学习任务目标设定和自我效能感在大学生学业成就中具有显著性，即学

生发起的目标和相关的成就对于随后在复杂情况下建立具有挑战性的学习目标非常重要。相关研究还表明，个体在选择支持下对生活有一定控制的感觉与自我效能感和参与重要目标任务的意愿呈正相关关系。我们假设这些结构构成学习任务目标承诺的水平或决定承诺的水平，因此，与设定困难的学习任务目标正相关。换言之，对更高水平的控制和目标承诺（自我效能信念和参与重要目标任务的意愿）的感知会影响个体设定困难目标的意愿，并由此影响为实现这些学习任务目标而付出的努力。我们发现尚未有研究将非情境目标设定作为一个过程，包括将特质（先天）自主性的前因作用，以及特质自我效能信念和参与重要目标任务的意愿作为中介。因此，本研究的目的是扩展相关研究对大学生学习任务目标设定的理解，将其作为一个相互依存的过程，并将其应用于大学生的学习研究中。

2. 大学生学习任务目标调节作用的相关研究

正如 Dweck 和 Leggett（1988）所指出的，学生的自我效能感（相信自己有能力完成一项任务）在学习绩效目标和成就、动机和认知结果之间起着中介作用。这种复杂性在考察学习绩效目标和动机调节之间的关系时尤为突出。两位学者认为，如果学生具有较高的自我效能感水平，那么学习绩效目标不会对成就、动机和认知结果产生不利影响。事实上，如果一个学生既有高的自我效能感又有一个学习绩效目标导向，有人认为他们会表现出与采用掌握目标导向的学生相似的自我调节行为。然而，这种相似性只与掌握学习任务目标导向的绩效方法目标导向相似。也就是说，那些希望避免看起来不称职的大学生，往往表现出行为、认知和动机的不适应模式。最后，一些研究探讨了学校绩效目标与行为和情境调节的关系。在自我调节的这一阶段，知道何时以及如何适当寻求帮助是自我调节的一个重要组成部分（Byrnes，1998）。因此，研究学习任务目标与行为和情境调节之间的关系，发现两者之间存在负相关，这并不奇怪。那些专注于避免看起来不称职，或者一心想着击败他人的学生，寻求帮助的可能性较小。寻求帮助的行为可能被视为一种公开的表现，反映出其能力的欠缺，因此，那些有绩效回避或绩效接近目标的学生不太可能从事这类行为。总之，研究结果表明，在某些情境下，绩效接近学习任务目标（而非绩效回避目标）可能引发更深层次的动机调节，类似于与掌握学习任务目标相关的规则。除了考虑以往文献对学习任务目标定向与自我调节学习之间关系的研究外，本研究还必须探讨大学生个体学习任务目标定向与学习环境（如网络环境）的目标框架结构之间的关系问题。

Wolters 等人（1996）认为，个人的学习目标导向比特定学习任务的目标更具全局性，并认为目标定向可能是一种稳定的特质，反映了相对稳定的个体差异。这些观点表明，即使不是不可能，也很难通过学习任务的目标结构实验性地诱导目标定向，因为个体的目标定向在各个领域都是稳定的。因此，如果个体确实有预先存在的学习目标定向，那么实验性地诱导学习目标定向的效果可能会减弱。此外，相关研究还表明，目标定向可能不是相互排斥的（例如，掌握学习目标定向的个体在所有上下文中都专门寻求掌握学习目标定向），并且个体可以同时保持多个学习目标定向。例如，研究表明，社会目标与更广泛的目标导向间没有联系。因此，与学习目标结构相比，学习情境具有奖励作用可能更为恰当，学习目标结构与个人的学习目标导向一致或不一致，但不会直接影响个人的学习目标定向。然而，也有人认为课堂环境会影响个体对学习目标导向的采用。Ames（1992）认为课堂中存在显著的学习目标结构，学生体验这些结构的方式会影响他们的学习目标导向。例如，Ames 认为学习活动和任务的设计是课堂的一个中心要素，对这些任务的感知可以影响学生运用策略的意愿、满足感以及他们对待学习的态度。更具体地说，专注于培养对学习活动内容的理解的目标任务更有可能促进与掌握目标导向相一致的学习。另一方面，如果学习任务目标中的评价包含一个规范的认知参照，那么学生更可能将目标导向转向绩效导向。

3. 学习任务目标与学习绩效之间的关系研究

相关研究表明，设定特定的学习目标可以提高学习绩效，目标的积极影响通过多种认知和情感机制来实现，包括注意力、努力、坚持、自我效能、动机和学习。自我调节学习和社会认知理论的研究也表明，这些机制是相互依存的。学习目标会影响决策者在执行学习任务时注意力焦点的选择。学习目标还提供了成功所需的学习努力程度的信息，学习者个人倾向于根据目标的难易程度调整自己的努力程度，以便投入更多的精力来实现更困难的目标。如果个人认为目标是可以实现的，他们通常会继续致力于既定的学习目标，并坚持自己的努力直到目标实现。此外，特定的学习目标可以促进自我效能感的提升，因为决策者可以轻松地监控和自我评估他们相对于学习目标的表现（Lindsay等，2017）。学习目标也能刺激学习，包括开发任务策略来实现目标。自我调节学习的研究发现，目标刺激认知活动来支持学习，如参与指导、处理和整合知识、发展和维持关于学习能力和行动预期结果的积极信念。设定学习目标会让学生集中精力学习关于任务的知识和发现有效的任务策略。

大量的研究探讨了目标导向对学习结果的作用。例如，大量的研究将掌握目标定向与广泛的动机变量联系起来，这些变量反过来又有利于积极的学习活动，这是自我调节学习的必要中介。尤其是，当采用掌握目标理论时，内疚感与努力不足有关，而满足感和自豪感则与足够的努力相关。此外，掌握学习目标定向与积极参与学习有关。积极参与是指一个人证明使用有效地解决问题的策略，相信策略的调整可以克服失败，努力促成成功。因此，将掌握目标定向与学习联系起来的研究结果表明，这种定向促进了高质量的学习参与。具有绩效目标方法取向的学生可能会使用某些策略或目标，因为他们希望获得有利的评价。这些策略可能会导致他们比那些试图回避某些目标（绩效回避）的学生更积极地参与学习任务，而这反过来又会提高学习效率。那些采取了绩效目标回避导向的人可能会试图回避某些目标，并可能变得更加孤僻，更少地投入任务中（Higgins，1997）。

第三节 大学生学习投入的相关理论研究

一、大学生学习投入的相关理论背景

1. 大学生学习投入的内涵分析

学生学习投入（Learning Engagement）被认为是一种投资或承诺、参与或轻松参与学习等诸如此类的行为。研究人员使用了各种术语来定义这一概念，包括学生投入、学术投入、学校投入和学习者投入（Reschly和 Christenson，2012）。这些术语在定义上有细微差别，例如，学习者投入这一术语涵盖的范围很广，包括在正式的学术环境中和之外的学习，而学生投入则只关注学术方面的学习。学生学习投入在当今许多发达国家的高等教育格局中留下了诸多印迹，它以多种形式出现，被赋予各种各样的含义和用法。Fredricks 等人（2004）将其定义为：一个利用社会学、社会网络、组织学、心理学、文化学、教育学和经济研究等的一元结构。学生学习投入被描述为有助于教育评估机构反思责任、作为大学生成功的保证、作为优质教学的秘诀等。

学生学习投入通常被认为是主动学习的驱动力，可以看作是对学习过程的积极参与，有助于更深入、更有意义的学习。学习投入被认为是一个多方面的结构，其特点是动机、挑战、感官吸引力、注意力、反馈、好奇心和兴趣等。长期以来，投入一直被认为是学习绩效的有效预测因素。

研究发现，在面对挑战时，投入水平高的学生比不投入的同龄人

更能集中注意力，表现出更多的兴趣和毅力。学习是一个循序渐进的过程，需要经过长时间的反复尝试才能获得新的知识和技能。理想的情况是，学生能够在参与式学习环境中长期保持高投入状态。然而现实往往是，学习者往往会被课堂上的新技术所吸引，但这种兴奋感一般不会持续很久。相关研究已经证明，多媒体演示和社交媒体对提高动机、注意力和参与度特别有帮助，然而，潜在的参与效应可能会被与新技术相关的不熟悉或技术问题所抵消。

此外，学习者的注意力和参与度的增加可能是新奇效应的结果，而随着时间的推移，这种效应会逐渐消失（Hur 和 Oh，2012）。此外，长期不变和重复的学习活动可能导致脱离学习，这表明有必要在学习过程的延长期内坚持从内在吸引学习者。参与是一个多维度的概念，相关文献中对它的评估包括认知、行为和情感方面的各种指标。在这些指标中，流动被认为是检验学生参与度的一个有效指标。流是一种状态，在这种状态下，学生将深深地参与学习活动，并享受这种体验本身，而不是出于任何其他原因；它还与参与有一些共同的属性，包括集中注意力、反馈、控制和内在动机。因此，适当促进流动、内在动机和其他影响因素有助于维持学习投入。

2. 大学生学习投入的四大理论研究视角

学习投入是复杂和多方面的，这是一个总体的“元结构”，旨在汇集不同的研究线索，有助于解释学生的学习成功。虽然有一些重叠，但在文献中可以找到四种不同的理论研究视角：注重有效教学实践的行为视角；将学习投入视为一种内部个体过程的心理视角；考虑了社会文化背景关键作用的社会文化视角；最后是一个整体的视角，该视角把这些因素有机地整合在一起。

（1）行为视角

在关于高等教育的文献中最为广泛接受的学习投入观点强调学生行为和教学实践。学生学习投入被视为一个不断发展的结构，包含了一系列与学生满意度和成绩相关的制度实践和学生行为，包括完成任务的时间、社会和学术整合以及教学实践等。在这一视角下，学生学习投入被定义为学生在有教育目的的活动中投入的时间和精力。依赖调查来衡量学习投入是行为观点的关键，但也存在一些限制。

首先，当有证据表明教学和学习在不同学科之间存在差异时，跨越所有学科的单一调查工具可能是有问题的。使用调查工具的第二个限制是，它会忽略学习投入结构的许多复杂性：参与既是动态的，也是情景的。最后，调查模糊了参与者的声音，没有机会提出不符合预先确定问题的观点的机会（Bryson，Cooper 和 Hardy 2010）。纵向的、定性的控制措施可能是更有效的工具。行为教学法确实包含了学生的思维过程和行为，如学业挑战程度、积极合作学习等。然而，学习也是情绪化的，而且，除了一个评估总体满意度的项目外，学生的情绪并没有被测量。这种影响是参与的一个重要组成部分，这一发现说明了国际学生，通常是 NSSE 的高分者，在应对和理解量表上表现出纠结和不知所措。有趣的是，尽管学者们认为大学生学习投入是认知的，但学生们却认为它主要是情感（情绪）的。由于未能衡量学生的感受，行为视角会遗漏有价值的信息，而这些信息原本将使学生对学习体验有更丰富的理解（Christie 等，2008）。

（2）心理视角

心理视角将学生学习投入视为一种随时间的推移而演变并在强度上有所变化的内部心理—社会的过程，与行为视角相比，心理视角的关键优势在于学习投入与其前因之间的区别。研究者们提出了学习投入的各种重要维度，包括行为、认知、情感和意念，早期的研究通常将学习投入定义为其中的一个，而后来的学者则认为学习投入包含某些维度的组合。

行为维度与刚才讨论的行为观点部分类似，有三个要素：积极的行为和遵守规则，包括出勤；参与学习，包括完成任务和提出问题；

更广泛地参与课外活动。例如，芬恩（1993）的参与识别模型认为，参与课堂和更广泛的学习都能带来成功，然后形成归属感，这种归属感在一个永久的循环中进一步提高了参与度。第二个维度，认知，由 Newmann 等（1992）把学习投入定义为“学生在学习、理解或掌握知识技能或手艺方面的心理投入和努力”。这种认知维度通常指的是学生的自我调节和有效使用深度学习策略。

然而，从心理学的角度来看，认知也包含了个体特征，如动机、自我效能和期望。学习投入的情感维度分析是心理学方法的一个优势，因为“学习体验中有一种情感强度，常常被忽视”（Askham，2008）。情感维度突出了工具动机和内在动机之间的区别。对于前者，学生会被激发在认知和行为上的学习投入，以此作为达到目的的一种手段，例如高分或资格证书。对于后者，学生的动机是他们对学习的兴趣。心理学观点的主要局限在于缺乏定义和维度之间的区别，而明确定义学习投入的结构对于共享理解则是必不可少的。

（3）社会文化视角

学生学习投入的社会文化视角关注的是更广泛的社会背景对学生学习体验的影响。Mann（2001）指出诸如学科权力、学术文化和对表演性的过分关注等社会文化背景因素都可能导致高等教育中学生学习的前后脱节。同样，制度习惯导致教育机构内部固有的社会和文化偏见，有利于占主导地位的社会群体，导致非传统学生的保留率很低。对一些学生来说，大学的经历被不同程度地描述为一种文化冲击、学习冲击和类似于“离开水的鱼”的效应，说明了这种文化差异对许多学生学习投入有强大阻碍作用。

Solomonides 和 Reid（2009）提出了学生学习投入的社会关系模型，该模型将社会存在感定位为中心，与前面讨论的学习投入的情感维度相似，但更为深入。Barnett 和 Coate（2005）将本体论的概念在学生学习投入的研究中向前推进了一步，并认为它需要一个积极的参与者身份和参与特定学习项目的资格。这种本体论的方法在关于学生身份的文献中得到了很好的体现。在被定位为“他者”的文化中，重新安排和组织其身份的挑战已经在许多非传统学生群体中得到了检验。这些群体通常被描述为没有必要的社会、文化和学术资本，无法轻易融入某种大学文化。虽然大学学习可能是一个不那么具有挑战性的过程，但更传统的学生也可能会经历身份斗争而产生在学术界成为局外人的感受。社会—文化视角为学生在大学学习中变得是否投入提供了重要的观点，特别强调非传统的学生。它同时强调了学校不仅需要考虑学生的身份支持结构，还需要考虑学校的文化，以及影响学生学习投入的更广泛的政治和社会背景。因此，它在理解学生学习投入度的研究中增加了一个关键的且经常被忽视的因素。

（4）整体视角

一些学者正在努力将上述不同的理论和学生学习投入的研究结合起来。例如，英国的研究人员提出了一个更全面的定义：大学生学习投入的概念包括作为学生的感知、期望和体验以及作为学生的建构（Bryson、Hardy 和 Hand，2009）。与前面讨论的建构主义方法一致，他们主张更广泛的关注点，包括“学业成就”的概念，认为学生在大学应该不仅仅是获得资格证书。在他们看来，大学生学习投入是一个动态的连续体，有不同的内容（任务、课堂、课程、机构），因此不能简单地通过调查来衡量，最好通过深入的定性工作来理解。与心理学方法一样，这项工作的一个关键优势是要认识到情绪的重要性。例如，研究结果强调了教师性格至关重要，尤其是需要温暖和尊重来培养大学生的归属感。

为此，教师需要从三个层面考虑大学生学习投入度：与学生的对话、对课程的热情和教学过程的专业性。然而，他们也注意到，虽然个别工作人员很重要，但需要更广泛的机构与办法以提供必要的资源，从而支持学生和工作人员深度投入。但在努力采取更全面的观点的同时，这种方法犯了与行为观点相同的错误，没有区分学生学习投入及其前因。例如，在对学习投入的定义中包含了学生期望，虽然这对学生体验有重要影响，但为了更好地理解，我们需要明确区分这些前因和学习投入的状态。

Bryson、Cooper 和 Hardy（2010）认为，学生学习投入既是一个过程，也是一个结果，更明确的区别是要认识到，被认为是过程的不是学习投入，而是影响学生学习投入的一组制度因素，而结果是学生学习投入的一种个人心理状态。在整合视角的另一项研究中，Zepke（2011）提出了一个学生学习投入的概念模型，它整合了六个研究视角：动机、与教师互动、彼此的事务性参与、机构和非机构支持以及积极公民意识。该模型成功地将其他视角中学生学习投入度的诸多影响因素整合在一起：从行为角度来看，影响因素包含机构支持和与员工的互动；从心理学角度的认知维度来看，包含积极学习和学术挑战；从社会文化角度来看，外部环境的影响和学生的动机包括在内，如自我决定理论提出的三个需要表达的内容：自主性、能力和关系。

上述所讨论的四个研究视角中的每一个都提供了对大学生学习投入这个复杂结构有用的见解。行为视角强调学生行为和学校实践的重要性；心理视角明确界定了大学生学习投入的状态，承认了情感的重要作用；社会文化视角预示了学生学习投入的社会文化背景；最后，整体视角提出要考虑学生自身的动机和期望。然而，每一个都只是故事的一部分，我们需要对大学生学习投入的前因、后果以及心理社会状态等因素进行更加深入的研究。

二、大学生学习投入的测量

有研究表明，大学生学习投入水平显著地与学生成绩呈正相关，包括学业成绩、学校适应能力、大学成绩和坚持率等。尤其是，学业课程的学习投入水平似乎会带来巨大的课业成就，而且这种成就也会导致对未来课程的持续或增加的投入（Lin 等，2017）。因此，我们迫切需要一个可靠的方式来评估大学生是否有效地投入到了他们的课程学习之中。

NSSE 及 AUSSE（大洋洲大学生学习投入调查，Australasia Survey of Student Engagement）是较早开发出衡量大学生学习投入度测量或调查的工具。NSSE（2009）有五个大学生学习投入度量表指标：学业挑战水平、主动合作学习、生师互动、教育经验丰富度和院校环境支持。而 AUSSE 有第六个指标，即工作整合学习。Kahu（2013）的研究也包含六个大学生学习投入度量表指标：高阶思维、一般学习成果、职业准备、年级、离职意愿和满意度。综合相关文献，我们将国内外关于大学生学习投入测量的相关指标尽可能详细地罗列，如表 2－1 所示。

表 2－1　大学生学习投入测量的相关指标

<table>
<tr><th>问项</th><th>因子</th><th>来源</th></tr>
<tr><td>确保定期的学习</td><td rowspan="8">技能投入</td><td rowspan="13">Handelsman M. M. , Briggs W. L. , Sullivan N. , Towler A. . A measure of college student course engagement [J]. Journal of Educational Research, 2005, 98 (3): 184－191.</td></tr>
<tr><td>付出努力</td></tr>
<tr><td>完成所有的家庭作业</td></tr>
<tr><td>坚持阅读</td></tr>
<tr><td>在课程间隙阅读笔记以确保领会课堂上所讲的要义</td></tr>
<tr><td>在学习过程中很有条理性</td></tr>
<tr><td>在课堂上做好笔记</td></tr>
<tr><td>在课堂上仔细听讲</td></tr>
<tr><td>能够找到使课堂内容和我的生活相联系的途径</td><td rowspan="5">情感投入</td></tr>
<tr><td>将课堂所讲的内容运用到生活中去</td></tr>
<tr><td>找到使课程对我而言更有趣的方法</td></tr>
<tr><td>在课程间隙对课堂内容做思考</td></tr>
<tr><td>确实渴望学习课堂所讲授的内容</td></tr>
</table>

续表

问项	因子	来源
会在课堂上举手发言	参与/互动投入	
当我不明白老师所讲的内容时我会提问		
在课堂上感觉很开心		
积极参与小组讨论		
去教授的办公室查询作业或考试或提问题		
乐于帮助同学		
取得好成绩	展示投入	
在考试中发挥出色		
相信自己在课堂中能够学得好和做得好		
在课堂上提问题或参与课堂讨论	积极地讨论	Hsieh Tzu-Ling. Motivation matters? The relationship mong different types of learning motivation, engagement behaviors and learning outcomes of undergraduate stu-dents in Taiwan [J]. Higher Education, 2014, 68 (3): 417 -433.
在课堂上与其他同学开展合作		
给其他学生做辅导或讲解		
在课后与同学合作为课堂作业做准备		
就阅读中的或课堂中发现的观点在课后与其他人讨论		
与教授讨论成绩或任务	与教授交流	
与教授谈谈职业规划		
就阅读或课堂中的观点与课外的教员讨论		
从教授那获得有关学业表现的口头或书面的回复		
与教授用电子邮件交流		
比自己想象中的还要努力，以满足老师的标准或期望	认知努力	
没有阅读或没有完成作业就去课堂（反向问题）		
每个星期花数个小时准备主修课程		

续表

问项	因子	来源
在上课期间专心听讲	认知投入	
在课堂讨论中认真倾听同学的观点		
按时上课，不随意缺席		
发现所学的模块很有用且很吸引人		
会思考如何使用课堂外的知识或材料		
会思考所学的模块如何有益于未来的职业发展		
经常额外阅读与就业有关的材料		
在课后复习笔记		
在课后与其他人讨论所学的模块知识		
在学习过程中尽可能地努力	行为投入	Qureshi A., Wall H., Humphries J., et al. Can personality traits modulate student engagement with learning and their attitude to employability? [J]. Learning and Individual Differences, 2016, 51 (3): 349-358.
在课堂中参与课堂讨论		
能够全神贯注于课堂		
用最好的水平完成课程作业或任务		
对所学的内容充满渴望	情绪投入	
对课堂讨论以及相关活动感兴趣		
完全融入课堂活动中		
认为课堂学习很无趣（反向问题）		
总是努力学习课程	技术（skill）投入	Lin S. H., Huang Y. C.. Assessing College Student Engagement [J]. Journal of Psychoeducational Assessment, 2017, 149 (1): 81-92.
总会尽力去把握课程中的要点		
能够做好课堂笔记		
为了确保理解课堂内容，在课间查看课堂笔记		
能够将所学到的知识或技能运用到作业中去		
认为掌握课堂所教授的知识或技能是重要的	情感投入	
认为每个人都应该最大努力地去获得更多的教育		

续表

问项	因子	来源
认为课堂上所学的都有价值	情感投入	
总是对课堂学习充满渴望		
认为在学校学习是重要的		
在课业上做得很好	表现投入	
在测试中一直发挥良好		
很自信能学好课程并完成好课业		
努力在课程中取得好成绩		
总是积极地参与小组讨论	互动投入	
乐于回答老师在课堂上提出的问题		
不明白课堂内容时，会主动提问		
每天都到课堂，除非有不适	态度投入	
很少上课迟到		
很少逃课		

综合相关文献，本研究拟对具有稳定三维度（活力、奉献和专注）的大学生学习投入量表进行修订和检验，编制本项目中大学生学习投入的测量量表。

第四节　基于 NSSE 的大学生学业挑战度理论研究综述

学业挑战度的相关研究是在教育培养机制改革和提高人才质量背景下展开的，已有研究表明，学业挑战度对大学生知识与能力的发展、在校满意度与创新能力均有显著的影响，是衡量高校教育质量的重要指标。美国心理学家 Ryan 和 Deci（2000）在自我决定理论中提到老师对学生做出积极的反馈会激发学生的学习挑战性，学生通过自主增加学习时间与努力程度、改变学习方式等行为来达到课程要求。测量大学生学业挑战度最权威的工具是NSSE，国内外学者围绕学业挑战度开展的研究大多数也是通过使用NSSE完成的，本节期望通过分析学业挑战度的研究现状，能为提高高校学生的学业挑战度，促进高校教育教学体制机制改革，进而提高人才质量提供借鉴和指导。

一、关于学业挑战度概念与内涵的研究

学业挑战水平（Level of Academic Challenge），是2000—2012年NSSE的五大评价指标体系之一。学习依然是大学生的主要任务，也是高校工作的焦点。学业挑战水平是评价学生教育实践的核心内容，指高校对学生学业的重视程度和设定标准的高低。问卷题目涵盖课程要求的阅读写作量、学生为学习而付出的努力和投入情况、教师对教学课程及学生学业的要求等。

挑战往往与失败相伴相随，于是，Henry等（2019）认为，挑战是指伴随着失败风险的成就情境，也就是说，挑战将学生的技能和知识提升到一个水平，学生可以通过参与挑战来冒失败的风险。即使有了这些形式化的定义，构成挑战或失败的内容也会受到个人目标、价值观、社会环境等的影响，换言之，失败既存在于旁观者的眼中，也存在于语境所提出的期望之中。因此，虽然典型的评分量表和其他标准化的学业成绩肯定代表了成就情境，但学生个体也会受到其他个人成就情境的影响。如果一个学生被告知必须获得所有的“A”才能实现目标（例如，医学院的录取），那么他可能会认为考试得“B”是不及格的。或者，一个学生如果经常得到“C”和“D”，并且有通过这门课的目标，他可能会认为“B”是成功的！

挑战被广泛认为是学生学习投入和成就的关键。在韦伯斯特《新世界大学词典》的基础上，Strati等（2017）将挑战定义为学生认为手头的活动需要某种类型的认知或身体投资。挑战的体验是主观的：学生认为一项学习活动是否具有挑战性，很大程度上取决于其实际和

感知的技能水平。因此，一项被认为对一名学生具有挑战性的学习活动可能对另一名学生并不具有挑战性。一般来说，感知到的学业挑战度与学生的学习投入度呈正相关。然而，大学生理解学业挑战度的方式可能因学习环境的不同而有所不同。在某些类型的学习环境中，学生可能会受到挑战的激励，但在其他类型的学习环境中，学生可能会受到挑战的威胁。例如，当学生在以教师支持性教学行为为特征的学习环境中受到挑战时，他们可能会受到学业挑战度的激励，从而具有更高的学习投入度。相反，当学生在教学行为受阻的情况下遇到学业挑战时，他们可能不会感受到挑战的激励，而是感受到威胁，并且可能想方设法地逃避。所以，考察挑战对学生的作用时，重要的是要考虑环境的特征，如支持和阻碍所经历的挑战。

学业挑战的概念各不相同，一般包括教师通过口头和教学大纲交流的各种学习活动，作为他们对学生指导和评估的期望。关于学业挑战的辩论通常涉及学生的学习准备程度，以及通过教学/学习过程实现这些学习期望的有效性程度。学业挑战似乎是所有高等教育机构面临的一个基本学习问题，在2000 年和2001 年，在 NSSE 早期的评价管理中，佐治亚大学和佐治亚州立大学的学业挑战度是唯一低于期望的平均水平的指标。佐治亚大学和佐治亚州立大学的一些教员和管理人员对这一较低的分数表示强烈的担忧，而其他教员则质疑 NSSE 中学业挑战度指标下的某些项目对于致力于发展自由职业的机构来说是否是可取的评估项目。对这些问题的讨论导致了一小部分教职员工自愿进行学业挑战度的相关研究，并作为佐治亚理工学院整体学习评估体系的重点。这种机构的专注研究似乎是恰当的，因为 NSSE 的开发者鼓励机构超越 NSSE 评价指标，并进一步检查与自身使命和目标相关的学业挑战度相关维度（Payne 等，2005）。

经过十多年的发展完善，2013 年，美国 NSSE 团队根据数据积累和调查经验，将原来的学业挑战水平修改为学业挑战度（Academic

Challenge），并将其细化为四个指标，分别是高阶学习（Higher-Order Learning）、反思及整合性学习（Reflective & Integrative Learning）、学习策略（Learning Strategies）和定量推理（Quantitative Reasoning）（NSSE，2013）。

对于高阶学习，按照布鲁姆的教育目标分类学，学习目标可分为记忆、理解、分析、运用、评价和创造。其中，记忆属于低阶认知目标，其他目标均为高阶认知目标。高阶学习即学生通过理解、分析、运用、评价和创造等高阶认知过程获得经验、增加知识、提升能力的过程。

反思及整合性学习主要是指学生联系社会问题、联系自己的经历和知识结构以及结合不同学科观点完成学业任务的过程，反映出学生将自己的知识经验应用于理解新知识、实现学科整合以及从他人视角重新审视自己的观点与问题的能力。

学习策略通常被认为是有目的地为提高学习效果和效率制订的方案。学生回顾课堂笔记的频率、在阅读中找出关键信息的数量以及总结学习内容的频率可作为衡量学习策略的重要指标。

定量推理则是加德纳多元智能理论的重要组成部分。它主要指在信息时代学生运用统计数据进行分析推断的能力。学生能否根据相应统计信息分析某一真实社会问题以及合理评估他人通过统计分析得到的结论可作为衡量定量推理的重要指标。直至 2016 年，全美已经有 1600 多所四年制本科院校加入了 NSSE 项目的调查研究。

二、学业挑战度测量工具的形成与发展

预期的学习活动应该设计成能在认知上刺激大学生学习。认知启发大学生的学习任务可能会让他们坚持满足老师的期望，花更多的时间去准备每门课程，并形成更自主的学习过程。作为与大学生学习投入度密切相关的一个因素，学业挑战度已经成为一个研究领域，促进了不同量表的发展，这些量表旨在衡量学生学术活动产生的动机水平

（Seifert 等，2010）。学业挑战度的测量源自 NSSE，该调查是基于 Kuh（2001）的学习投入理论提出的，是最有影响力的学生学习与发展评价方法，注重对学生在学业与有效教育活动中的投入、学习过程与态度以及学习结果进行评价。

2001 年，Kuh 与同事共同开发并推广 NSSE，NSSE 项目中的学习投入测量包括五个指标，即主动合作学习、生师互动、学业挑战水平、教育经验丰富度与院校环境支持。尽管 NSSE 开发以来在大范围内得到推广和应用，但是该工具的有效性也受到了质疑。一些学者认为 NSSE 的基准未能充分代表校园对学术挑战的理解，也未能准确预测学生的成绩（Gordon 等，2008）。另外一些学者认为这些指标提供了一个很好的起点，但为了让学校充分利用该调查，学校必须主动仔细检查和处理数据，以确定学生参与的情况（LaNasa 等，2009）。

Payne 等（2005）基于 NSSE 的早期管理，调查了学生和教师对学业挑战度的看法。分析表明，NSSE 并没有完全抓住这些教师和学生所认为的学业挑战的许多含义。关于学业挑战，人们常常争论的是学习的准备程度，教与学过程中实现学业目标的程度。在采访中，教师和学生都强调了具有学术挑战性的课程的难度和广度。许多学生对学术挑战概念的最初反应往往是消极的，他们强调的是额外的时间和努力。然而，这些学生中有许多后来提到了具有学术挑战性的课程的回报，这些课程提供了高质量或更高层次的学习机会，而不仅仅是大量使人繁忙的学习任务。

总的来说，教师们把学术挑战与更高形式的学习紧密联系在一起，超过半数的教师认为有必要采取一些策略来激励学生，比如认识到学生之间的差异，并为他们提供多种途径来获得学习成果。学院可以提供多元化的建议，建立更有特色的学习文化，以帮助学生应对学术上的挑战。一些接受采访的教师认为批判性思维、阅读和写作是学术挑战的核心，但是这些重要的关注点并没有通过现有的 NSSE 项目得到充分的处理。也有学者表示，一些学术挑战项目强调学生的努力，但这些项目与学习成果无关。

Porter 等（2011）用被广泛接受的四阶段模型来分析 NSSE 中提出的学术挑战问题可能缺乏有效性的几个原因。

第一个阶段是理解，有两个原因：第一个原因是问题中词语的模糊性，全国各地的大学生在阅读和回答这些问题时，不太可能使用相同的思维方式；第二个原因是 NSSE 将文章或报告的阅读数量用于评价大学生的学业挑战度，但现在网站上发布课程材料已经很普遍了，并且随着技术的发展，教学方法也在变化，考查大学学业挑战度问题的类型也必须做出改变。

第二个阶段是回忆，如果调查对象对记忆和时间段不确定，可能会回忆并错误地将该时间段之前的事件和经验分配到调查问题时间段（称为前向伸缩）。考虑到大四学生有几年的大学记忆可供借鉴，很难排除“伸缩”的可能性，尤其是对于学术上有挑战性的问题所寻求的那种似是而非的信息。

第三个阶段是判断。对学术挑战性问题的判断比较复杂，这导致学生们使用评估策略来创建答案，一般来说，从记忆中直接回忆和记录信息越困难，被调查者就越有可能使用一种容易出错的估计策略。

第四个阶段是回答。与其他 NSSE 问题以及其他大学生调查相比，NSSE 的学术挑战问题写得很好。在调查回答的四阶段模型中，学术挑战问题在理解、回忆和判断方面比回答更成问题。

三、关于高校学生学业挑战度状况的研究

Tendhar 等（2013）使用 2008 年 NSSE 的数据，考察了学业挑战度与国际学生和美国学生学业成功之间的关系。大多数现有的关于国际学生的文献的研究重点集中在他们面对的挑战上，主要是适应东道国的社会和学习环境，对国际学生来说，适应习俗、传统、校园生活

和美国社会往往颇具挑战性。相关研究结果表明，在学业挑战度方面，国际学生和美国学生在大四期间在衡量该指标的变量上没有统计学上的显著差异，但是国际学生在该指标上的得分略高。2013 年开发的 NSSE 新指标对于该研究的学业挑战度方面也同样适用，相比美国学生，国际学生在学业挑战度方面的得分更高，当然在其他某些方面美国学生的得分更高。研究发现国际学生在某些领域比美国学生更投入，而在其他领域则不那么投入。

截至 2016 年，全美已经有 1600 多所四年制本科院校加入了 NSSE 项目的调查研究，在大学生学业挑战度指标中，学习策略、高阶学习表现较为理想，分值较高，定量推理表现较差，同时，低年级大学生在高阶学习、反思及整合性学习、定量推理方面的得分都低于高年级的大学生，在学业挑战方面有待提高，因此学校应加大对低年级大学生的学业指导，使其真正适应并快速融入大学学科专业的学习中。综合 2006—2016 年的数据分析可以发现，美国本科院校重点关注学生的学习，但在学习的挑战度、课程的定量推理等方面仍须提高。翟洪江、汪振友（2014）回顾了中美大学学生学习性投入的差异，根据国内 NSSE-China、CCSS（Chinese College Student Survey）等调查的数据，发现无论是“985 工程”大学的调查数据还是“211 工程”大学的调查数据，与美国同类院校相比，学业挑战度方面都有中等程度以上的差距。这一研究发现与秦雪敏、赵必华（2018）及吴凡（2012）对中美研究型大学本科生学业挑战度的比较研究结论类似。

国内对高校学生学业挑战度的研究，主要运用了 CCSS 和 NSSE-China 等测量工具：李修杰、张安慧（2019）使用 CCSS-2016 问卷对中国海洋大学大学生学习投入水平进行调查；钟周等（2016）应用 CCSS-2013 问卷对内地高校的港澳台本科生进行学情调查，并根据港澳台本科生特点对问卷进行了一定的改编。从学业挑战度上看，港澳台本科生高阶学习和反思及整合性学习水平显著高于内地本科生的平均水平，这体现了港澳台学生具有较好的知识理解与运用能力以及自我反思能力；在学习策略和定量推理上与内地学生没有显著差异。

王世忠、邹筱雯（2016）分析了大学生学业挑战度的差异，汉族学生的学业挑战度得分要低于少数民族学生，回族与满族学生的得分要低于其他少数民族。究其原因，一是绝大部分少数民族学生的汉语水平、文化基础等与汉族学生存在差距，他们需要付出更多的努力，更加积极地参与教学活动；回族和满族学生与汉族学生一样用汉语学习；二是部分少数民族学生来自偏远地区，教育资源相对匮乏，学生综合素质发展相对较弱。吴田田（2018）使用 NSSE-China 对西藏大学本科生进行研究，发现无论是汉族还是少数民族学生，其在学业挑战度上的得分都不高，认为原因在于西藏自治区的自然环境、作息时间、教育资源等因素，这也是偏远地区学生综合素质发展相对较弱的原因之一。

四、关于学业挑战度的影响因素研究

近几年，我国学者对高校学生学业挑战度影响因素的研究主要集中在三个方面：一是个体特征，包括性别、民族、年级、专业、政治面貌等；二是家庭特征，包括家庭所在地、父母亲教育程度、父母亲工作类型等；三是学校特征，包括一流学科建设高校和普通本科院校、师范院校和综合院校等。总的来说，我国学者主要从性别、年级、学科以及生源地这四个方面来分析高校学生学业挑战度的差异程度，具体见表 2－2。

表 2－2　我国学者对高校学生学业挑战度影响因素的研究

作者（年份）	性别	年级	学科	民族	生源地	其他
李修杰、张安慧（2019）	√	√	√			父母教育程度
王世忠、邹筱雯（2016）	√	√	√	√	√	
杨振梅（2013）	√					
杨立军、张薇（2016）	√		√		√	高中类型、社会经济地位

续表

作者（年份）	性别	年级	学科	民族	生源地	其他
赵蕾等（2020）				√		
何佳（2015）	√	√	√		√	是否跨专业、培养方式
黄伟健（2015）	√	√	√		√	入学方式
刘丽（2019）	√	√	√		√	是否跨专业、父母教育程度等
吴珊（2017）	√	√	√			
吴田田（2018）	√	√	√	√		学校类型
秦雪敏、赵必华（2018）	√		√		√	学校类型
徐丹等（2018）			√			

在性别方面，男生的学业挑战度得分普遍会高于女生，具体来说，男生在反思及整合性学习和定量推理两个指标上的得分显著高于女生，这可能与男女生的思维方式和相关能力的差异有关。有研究指出，男性善于辨别判断，倾向于从全局与关联上处理问题，而女性则喜欢模仿，并逐渐形成倾向模式，注重细节。也有研究指出，男生在分析、综合和推理方面优于女生，而在高认知水平上，男生的优势更加明显。定量推理主要是分析数据信息得出结论并且判断别人的分析结果，这需要辨别判断，并独立进行分析、综合和推理。

在年级方面，无论是本科生还是研究生，随着年级的提升，学业挑战度也是逐渐升高的。这可能是因为一年级时新生刚入学，对课程的要求还不是很理解，而且也没有阅读指定教材，完成论文的数量很少，所以学业挑战度比较低；二三年级的学生已经适应了大学生活，学业压力增大，在专业课程的学习上投入了更多的时间和精力，阅读了一些指定教材，完成了一些论文，所以学习挑战度水平升高。

在学科方面，文科学生的表现显著好于理科学生，主要是因为文科学生所学专业多为人文社科类，要求学生具有更大的阅读量和写作量。从具体指标来看，文科学生在反思及整合性学习上的得分高于理科学生，理科学生在定量推理上的得分高于文科学生。从思维角度分析，人文社科类的知识往往没有统一固定的答案，文科要求学生采用的是主观的经验思维，切合反思及整合性学习的要求；而理科要求学生运用数字和公式进行具体运算并得出确切的结论，经常运用抽象理论思维，切合定量推理的要求。

在生源地方面，城市学生学业挑战度得分高于农村学生，主要可能是因为大多数农村大学生在进入大学之前并没有经历过城市群体生活，因此他们在学校更倾向于保持沉默、循规蹈矩。城市学生则会更加适应大学生活，因此他们会在学校的生活中表现得更自信。由于城市生源地的学生对环境的适应和在学校中的积极自信，他们可以从容地在学习上投入更多的时间和精力从而保持一个较高的学业挑战度。农村生源地的学生性格上的特征往往导致他们在学习中表现得默默无闻，加之需要较长的时间来适应新的环境和氛围，因此在学业挑战度上的表现不如城市生源地的学生。

综上，本研究通过梳理学业挑战度的相关文献，回顾了学业挑战度的相关概念，整理了学者们对测量学业挑战度工具的评价，概述了有关中美学生、内地学生和港澳台学生、各民族学生学业挑战度状况的研究，梳理了国内学者对学业挑战度差异分析的主要因素，希望为接下来的关于高校学生的学业挑战度的实证研究提供理论基础。

基于以上分析，我们认为，目前有关大学生学习投入问题的理论研究具有四个特点：①相关学者分别就影响大学生学习投入的各个因素所进行的理论研究较为深入，但缺少共同的逻辑主线；②目前国内外大多采用基于问卷的实证研究方法，而通过回忆或回想获取的调查数据难以反映研究对象内心的真实想法，研究结果的真实性和准确性将受到一定影响；③目前国内采用操控某些因素或条件的实验研究方法，直观考察大学生学习投入各影响因素间调节定向/匹配效应的研究领域仍属空白；④国内目前的相关研究更多地采用或借鉴（修订）国外学者开发的量表，因而中国情境下对大学生学习投入相关问题进行相关量表开发和实验研究的空间较为广阔。

CHAPTER 03

第三章

大学生学习投入相关影响因素的作用机理研究

第一节　学习任务目标对大学生学习投入的影响

高等教育质量的决定性要素是大学生学习投入的程度，要充分调动学生学习的积极性和主动性，提升高等教育人才培养质量。而大学生在学习投入方面存在的问题及其表现却成为实现上述目标的瓶颈。因此，我们必须认识到大学生学习投入相关问题的严重性及其影响的现实性和长远性，剖析大学生学习投入问题形成的深层次原因，分析和研究其影响因素及心理、行为表现，从而提出和制订解决问题的方案与实施路径。

一、文献综述与假设提出

（一）大学生学习投入的概念界定及其测量维度

学习投入（Learning Engagement）也称为学业投入（Academic Engagement），是指一种积极的、愉快的、关注于学习任务的心理状态，是影响大学生学习活动和效果的重要因素（李西营和黄荣，2010），也指个体在学习过程中表现出来的充沛精力、灵活性以及积极的情绪，是学习者领悟学习本质、沉浸其中的体现。

国外关于学习投入的理论研究源自对工作场所员工工作投入的相关研究（Kahn，1990）。Schaufeli（2002）最早将工作投入的相关研究延伸到学生群体领域，并提出了学生学习投入的概念：学生在学习过程中的一种持续的、充满积极情感的状态，且这种状态往往表现出“偏好逆转”的特征，即消极的状态为学习倦怠，积极的状态才是学习投入。综合相关文献，我们认为大学生学习投入的水平和行为决策受到内外部两个方面因素的影响。

在我国，大学生学习投入的外部影响因素较为单一，主要是学习任务目标压力，那些在中学阶段起主导作用的因素，如家庭、社会、学校、班级、教师、升学等，已几乎没有什么影响性（倪士光和伍新春，2011）；学习投入的内部（主要）影响因素主要包括情绪、决策模式（认知模式/感知模式）、自我调节（Pardo 等，2017）和自我效能感（McKenna 等，2017）等。

围绕上述影响因素所开展的大学生学习投入的测量，国外主要有 NSSE 量表和 Schaufeli 团队开发的 UWES-S 量表［工作投入量表（学生版）］，国内所使用的量表基本是在上述两大量表的基础上结合本国国情进行修订和完善形成的，如杨立军等（2016）、李西营等（2010）等（见表 3－1）。综合相关文献，本研究将从大学生学习行为投入和态度投入两方面进行大学生学习投入的测量。

表 3－1　大学生学习投入的测量维度

学者（量表名称）	维度
Schaufeli（2002）UWES-S 量表	活力、奉献、专注
Martin（2009）PISA（国际学生评估项目）量表	行为投入、情感投入、认知投入
NCSE（2006）（美国学校投入中心）量表	行为投入、情感投入、认知投入
NSSE（1999）（美国大学生学习投入性调查）量表	主动合作学习、生师互动、学业挑战水平、教育经验丰富度、院校环境支持
Maslach 等（2001）	精力、卷入度、效能
Harper（2009）	行动、情感、知觉
汪雅霜（2013）	元认知策略、同伴互动、深层认知策略、师生互动、学习热情
李西营等（2010）UWES-S 的修订量表	动机、精力、专注

（二）大学生学习任务目标的类型及其与学习投入的关系

广义上，大学生学习任务目标包括知识目标、能力目标和素质目标等（杜志强，2010）。佐斌和张陆（2007）将大学生学习目标分为高目标（对大学学习目标做了充分规划并为之努力付出）和低目标（对大学生活未做规划，得过且过，被动学习）两种。而从框架效应的角度，大学生学习任务目标可细化为获益/积极的任务目标框架（如评奖评优、学生干部、保研出国、荣誉感、成就感等）和损失/消极的任务目标框架（如不挂科、不留级、不被处分、顺利毕业等）。

本研究将大学生学习任务目标分为知识目标、能力目标、素质目标和成就目标四个方面。大学生的学习投入水平受到其对任务目标实现可能性预期的影响，通常情况下，任务目标的难度是与大学生的学习投入水平呈负相关关系的（Kahu，2013），但如果将自我效能感（Bandura，1982）这一自我调节因素考虑在内，则可能会有新发现：严卫华（2016）的研究表明，自我效能与积极的学习行为高度相关，大学生的积极情绪、学习投入和自我效能感三者间存在两两正相关性；高洁（2016）发现，负向的自我效能感将直接影响个体的在线学习投入，并使其更为看重损失/消极的任务目标框架可能带来的影响；卢忠耀和陈建文（2017）的研究发现，成就目标定向、学业自我效能在批判性思维倾向与大学生学习投入之间起着显著的调节作用。

基于以上分析，本研究提出以下研究假设及理论模型，如图 3－1 所示。

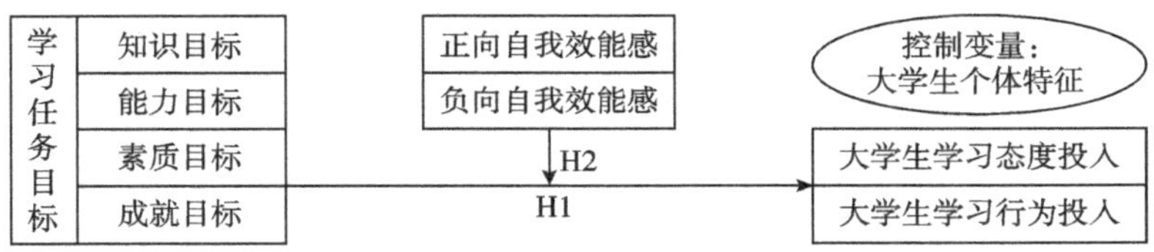

图 3－1　理论研究模型

H1：大学生学习任务目标与其学习投入呈正相关关系。

H2：自我效能感在大学生学习任务目标对其学习投入产生影响的过程中具有调节效应。

二、研究方法与研究设计

（一）量表与问卷的设计

为保证研究的信度和效度，本研究尽量采用国内外现有文献已使用过的成熟量表进行量表与问卷的设计。其中，关于学习目标的测量，本研究主要借鉴了杜志强（2010）等的研究；借鉴 Bandura（1982，2001）、Green 等（2017）的研究成果，将自我效能感划分为正向和负向两个维度；借鉴 Schaufeli（2002）等的成果，从态度和行为两方面测度大学生的学习投入水平。在正式调查之前，我们请相关高校教育管理专业的 30 余名硕士研究生进行了预测试，主要是从教育管理理论的角度并根据自己的实际感知对问卷（量表）进行模拟测试、讨论和信度效度检验，然后根据反馈结果对问卷（量表）进行了调整和完善，形成了最终的变量及其定义，见表 3－2。正式问卷共分为三部分：第一部分是受调查者的个人基本资料填写，了解大学生是否有学习投入、学习目标驱动以及学业拖延等的情况；第二部分是对大学生的情景调查，基于受调查者印象中最为深刻的一次不满意的学习（考试）经历，了解此次经历中受调查者的心理变化过程以及不满意的原因；第三部分是受调查者根据情景回顾和编制的测量量表，回忆自身经历过的考试失败（不满意）过程细节并对相关选项做出评判和选择。所有量表均采用李克特五级量表，其中“1”表示完全不赞成，“5”表示完全赞成。

表 3-2 变量定义及信度检验结果

一级变量		二级变量	变量定义（测量问项举例）	文献依据	Cronbach's α值
因变量	学习投入（LE）	态度投入（AE）	我对学习充满热情，而且学习时心里只是想着学习	Schaufeli，2002；Caliskan，2016	0.812
		行为投入（BE）	我在学习上投入的时间很多，但我主要是为了应付学习		0.768
自变量	学习任务目标（LT）	知识目标（KT）	达成该学习任务目标，我将获得丰富的理论知识	付立菲，2010；张吉，2011；邓敏，2014；李凯，2016	0.762
		能力目标（CT）	达成该学习任务目标，我将获得个人能力的提升		0.823
		素质目标（QT）	达成该学习任务目标，我将获得个人综合素质的提升		0.705
		成就目标（AT）	达成该学习任务目标，我将获得奖励，如评优、保研等		0.708
调节变量	自我效能感（SE）	正向（PSE）	我相信以我的能力可以克服任何困难	Feltz，2001；Bandura，2001	0.719
		负向（NSE）	我认为我只能完成力所能及的任务		0.831
控制变量	个体特征（IC）	性别（GE）	男生/女生	Emmerson，2010；Embry，2003；Carlton，2001	0.733
		年级（GR）	低年级/高年级		0.802
		专业（SS）	文科/理科		0.705

（二）样本选择

研究采用问卷调查的方法收集样本，问卷发放的对象为南京财经大学市场营销、物流和广告三个专业除新生之外的三个年级，共 18 个班的在校学生。考虑到本研究的主题，我们请相关班级的辅导员配合，选择的学生样本中必须包括至少 5 名以上平时（总评）成绩排名后 10 位的学生，以保证样本选择具有较强的针对性。本研究共发放调查问卷 390 份，回收问卷 377 份，问卷的回收率为 96.7%。剔除无效问卷后，有效问卷共 358 份，有效问卷率为 91.8%。

三、实证过程和假设检验

（一）量表的信度、效度检验与相关性分析

研究采用最常用的 Cronbach's α 系数来评估样本的信度，统计结果见表3－2。数据表整体的 Cronbach's α 系数为0.769，整个数据表的可靠性和稳定性很好，表明量表具有较高的信度。从描述统计结果看，研究涉及的各变量及其维度和大学生学习投入两个维度之间存在着较为显著的相关关系，可以初步验证本研究所提出的相关假设和概念模型。我们同时采用结构方程模型验证性因子分析（CFA）检验量表的结构效度，具体检验结果见表3－3。

表3－3　各变量拟合指数（N＝358）

拟合评价指标	χ^2/df	RMSEA	NFI	TLI	CFI	IFI	GFI	AGFI
判定标准	1～3	＜0.1	＞0.8	＞0.9	＞0.9	＞0.9	＞0.9	＞0.8
学习目标拟合适配值	2.311	0.041	0.973	0.937	0.916	0.962	0.941	0.873
自我效能感及个体特征拟合适配值	1.905	0.050	0.868	0.962	0.953	0.922	0.940	0.869
学习投入拟合适配值	2.261	0.072	0.907	0.977	0.948	0.919	0.916	0.906
模型评价结果	较好	较好	较好	较好	较好	较好	较好	较好

（二）研究模型的假设检验

我们采用分层多元回归的检验方法，用五组模型来分析和检验本研究所提出的相关假设（见表3－4）。模型1组（M1、M1'）检验了自变量（学习任务目标）对于因变量（大学生学习态度投入和行为投入）的作用（即H1）；模型2组（M2、M2'）和模型3组（M3、M3'）分别在模型1组的基础上增加了调节变量（正向和负向自我效能感）；模型4组（M4、M4'）和模型5组（M5、M5'）则分别在模型2组和模型3组的基础上增加了自变量（学习任务目标）与调节变量（正向和负向自我效能感）的交互作用。为此，我们对所有变量都进行了均值中心化处理，避免出现多重共线性的问题。

表 3-4 学习任务目标与大学生学习投入回归及自我效能感的调节作用分析（N = 358）

变量	学习态度投入（AL）回归模型及相关系数					学习行为投入（BL）回归模型及相关系数				
	M1	**M2**	**M3**	**M4**	**M5**	**M1’**	**M2’**	**M3’**	**M4’**	**M5’**
性别（GE）	0.201**	0.274**	0.197*	0.155*	0.311***	0.239**	0.211**	0.213**	0.192**	0.308***
年级（GR）	0.309***	0.133*	0.136*	0.129*	0.328***	0.266**	0.202**	0.241**	0.126*	0.265**
专业（SS）		0.109*	0.175*	0.148*	0.272**	0.107*	0.177*		0.189**	0.251**
知识目标（KT）		0.191**		0.168**		0.214**	0.344***		0.223**	
能力目标（CT）	0.216**	0.249**		0.197**	0.159*	0.131*	0.246**		0.173*	0.186*
素质目标（QT）			0.147*	0.158**	0.167*		0.109*		0.166*	0.173*
成就目标（AT）	0.251**	0.294**		0.203**		0.149*	0.218**	0.199**	0.178*	
正向（PSE）		0.265**		0.267**			0.374***		0.302***	
负向（NSE）			-0.229**		-0.217**			-0.207**		-0.263**
KT * PSE				0.121*					0.215**	
CT * PSE				0.184*					0.290**	
QT * PSE				0.232**					0.271**	
AT * PSE				0.209**					0.267**	
KT * NSE					-0.172*					-0.137*
CT * NSE					-0.309***					-0.159**
QT * NSE					-0.274**					-0.206**
AT * NSE					-0.189**					-0.148*
R^2	0.202**	0.256**	0.173*	0.287**	0.216**	0.361***	0.215**	0.306***	0.275**	0.164*
ΔR^2	0.133**	0.187**	0.153*	0.363***	0.178**	0.248**	0.181**	0.204**	0.381***	0.170*
F 值	6.711**	9.156***	4.911**	11.611***	6.432**	6.652**	9.101***	7.744***	5.151**	7.166***

注：*** 表示 $P < 0.001$，** 表示 $P < 0.01$，* 表示 $P < 0.05$（双尾）。

（三）实证研究结果与发现

（1）大学生学习任务目标与其学习投入的回归分析（H1）

如表3－4所示，从M1可以看出，学习任务目标的四个维度中只有两个维度进入了大学生学习态度投入的回归模型，即回归模型中的解释变量由能力目标和成就目标组成，且与大学生学习态度投入之间存在着较为显著的正相关关系（β分别为0.216**、0.251**），同时，控制变量“年级”的β值达到了0.309***，说明随着年级的提升，大学生对于个人能力和未来成就的追求愈加渴望。另外，根据回归模型额外的变异解释度（ΔR^2）可知，回归模型可以解释因变量13.3%的总变异。

M1’则显示，学习任务目标的四个维度中有三个维度进入了大学生学习行为投入的回归模型，即回归模型中的解释变量由知识目标、能力目标和成就目标组成，且与大学生学习行为投入之间存在着较为显著的正相关关系（β值分别为0.214**、0.131*、0.149*），回归模型额外的变异解释度（ΔR^2）达到了0.248**，可以解释因变量24.8%的总变异。模型1组（M1、M1’）的R^2和F值均通过了显著性检验，从而H1基本得到验证。

（2）自我效能感在大学生学习任务目标对其学习投入影响中的调节效应（H2）

本研究H2提出，自我效能感在大学生学习任务目标对其学习投入产生影响的过程中具有调节效应。如表3－4中模型2组所示，在学习任务目标和相关控制变量的基础上，正向自我效能感对大学生学习态度投入和行为投入均具有显著的正向影响（β值分别为0.265**、0.374***），M2中增加了“知识目标”这一维度进入了大学生学习态度投入的回归模型（β为0.191**），之前的能力目标和成就目标两个维度的显著性也有不同程度的增强。M2’则显示，学习目标的四个维度全部进入了大学生学习行为投入的回归模型，且其显著性也均有不同程度的增强。

在模型 3 组中，在学习任务目标和相关控制变量的基础上，负向自我效能感对大学生学习态度投入和行为投入均具有显著的负向影响（β 值分别为 -0.229**、-0.207**），M3 中只有“素质目标”这一维度进入了大学生学习态度投入的回归模型（β 值为 0.147*），而学习任务目标的其他三个维度对大学生学习态度投入的影响均未通过显著性检验。M3’中只有“成就目标”这一维度进入了大学生学习行为投入的回归模型（β 值为 0.199**），学习任务目标的其他三个维度对大学生学习行为投入的影响也均未通过显著性检验。

模型 4 组将正向自我效能感与学习任务目标四个维度的交叉项引入回归模型，计算结果表明，四个交叉项以及学习目标的四个维度均与大学生学习投入呈显著的正相关关系，尽管较之模型 2 组中学习任务目标四个维度的 β 值出现不同程度的降低，但 M4 和 M4’两个回归模型可以解释因变量总变异的比例分别达到了 36.3% 和 38.1%，这在本研究所有 10 个回归模型中是最高的。

模型 5 组将负向自我效能感与学习任务目标四个维度的交叉项引入回归模型，计算结果表明，四个交叉项与大学生学习投入均呈显著的负相关关系，学习任务目标四个维度中只有“能力目标”和“素质目标”两个维度进入了大学生学习投入的回归模型，而“知识目标”和“成就目标”两个维度在模型 5 组中是失效的。不过，性别、年级和专业三个控制变量在模型 5 组中的显著性是最为突出的，也就是说，当负向自我效能感占据上风的时候，大学生学习投入具有显著的大学生情境依赖性。此外，模型 2 组—模型 5 组的 R^2 和 F 值均通过了显著性检验，从而 H2 得到验证。

（3）自我效能感调节作用的简单斜率效应检验

为了从总体上了解自我效能感的调节作用，我们按照自我效能感测量的均分加减一个标准差的方式将被试分为正向自我效能感组（均值 +1 个标准差）和负向自我效能感组（均值 -1 个标准差），并在这两组被试中分别考察学习任务目标对大学生学习投入产生影响的预测作用（见图 3 -2 和图 3 -3）。

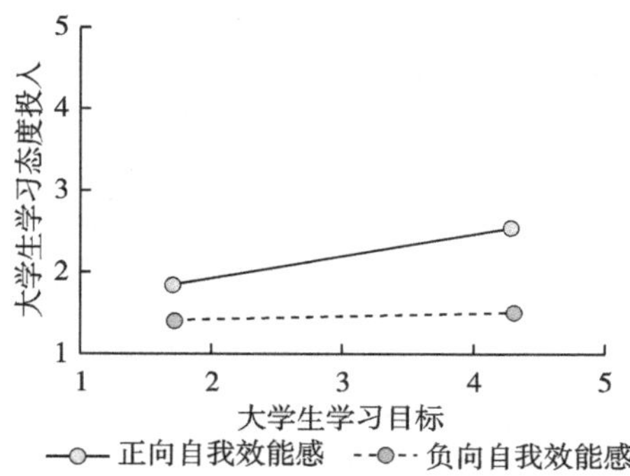

图 3 -2　自我效能感在学习目标与态度投入间的调节效应

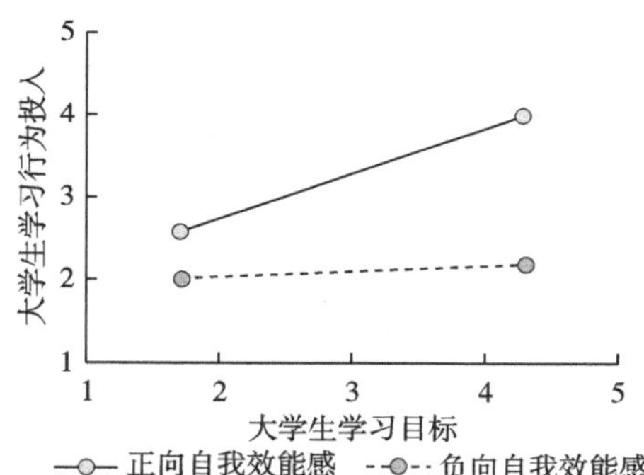

图 3 -3　自我效能感在学习目标与行为投入间的调节效应

由图 3 -2 和图 3 -3 可以看出，在负向自我效能感的调节下，学习任务目标对大学生学习态度投入的预测作用（$\beta = 0.03$，n. s.）以及对大学生学习行为投入的预测作用（$\beta = 0.04$，n. s.）均不显著，也就是说，高校所采取的任何形式的学习任务目标激励措施对大学生学习投入都几乎没有任何显著的预测（影响）作用；而在正向自我效能感调节下，学习任务目标对大学生学习投入影响的效果还是较为显著的，特别是学习任务目标对大学生学习行为投入的预测作用（$\beta = 0.37$，$P < 0.001$）尤为明显，但学习任务目标对大学生学习态度投入的预测作用（$\beta = 0.26$，$P < 0.01$）呈现一定的减弱趋势。一般而言，在体现大学生学习投入水平的两个变量中，态度投入将起到决定性和持久性的作用。因此，学习任务目标驱动往往只能在大学生的学习行为方式的转变上发挥一定的作用，要实现其态度的转变还是要采取“攻心”策略。

四、结论与启示

本研究在对国内外相关文献分析的基础上，深入探讨了大学生自我效能感（正向/负向）在学习任务目标对大学生学习投入水平影响中的调节效应，结合本研究实证研究结果，我们得出了以下结论。

（1）要丰富大学生学习任务目标，实现个性化学习

因为大学生在认知、情感、意识和态度等心理特征以及在思维、兴趣和能力表现等行为方式的方方面面都存在着显著的个体差异性，所以能够真正影响大学生学习投入水平的学习任务目标类型必定也是千差万别的。同时，本研究实证研究结果还发现，并不是所有的学习任务目标都对大学生学习投入水平产生直接影响，且影响的显著性水平也因人而异。在与大学生的访谈沟通过程中我们发现，学习任务目标模糊单一、自主学习能力衰退、学习投入水平较低的大学生为数不少，学习任务目标呈现出“哑铃形”分布的特点：内在的课业学习目标和外在的就业导向目标，两类目标之间缺乏连续的、阶段性的多样化目标支撑，由此形成了“死读书”和“读书无用论”两种极端现象。《国家中长期教育改革和发展规划纲要（2010—2020年）》指出，树立多样化人才观念，尊重个人选择，鼓励个性发展，不拘一格培养人才。个体行为是由目标驱动的，个性化的学习需要有多样化的学习任务目标引领。因此，要精心设计个性化、多样化的学习任务目标体

系，打造满足不同群体学习和自我发展需求的个性化的学习环境。

（2）要提升大学生自我效能感，实现自主化学习

自我效能感是个体行为的动力源，是个体对自己能否凭借自身具备的技能去实现或达成某项目标的自信程度，同时也是个体对自身完成既定行为目标所需能力的判断，即与个体对自己所拥有的能力能够做成什么的判断有关。实证研究的结果表明，无论是学习行为投入还是学习态度投入，自我效能感在学习任务目标对大学生学习投入水平影响过程中的调节作用是显而易见的。其中，在本研究第 2 ~ 5 组调节效应的比较分析中，正向自我效能感对大学生学习态度投入和行为投入均具有显著的正向影响，而在负向自我效能感调节下，学习任务目标对于大学生学习态度投入和行为投入的预测作用则均不显著。学习是一个主动的过程，内因在知识获取的过程中是关键。因此，应尽可能创造出让大学生能够独立思考并充分展示自身技能的自主学习环境，如自我评价与奖惩、学习目标设置与计划设计、个性化教学与知识转换、有利于提高自我效能感的归因、同伴帮助与合作、情境模拟与社会实践等，正向提升大学生的自我效能感，实现自主化学习。

（3）要加强大学生学业生涯规划，实现动态化学习

在验证 H1，即“大学生学习任务目标与其学习投入呈正相关关系”时，大学生学习任务目标四个维度中的“素质目标”并未进入大学生学习投入的回归模型，而当我们把负向自我效能感作为调节变量引入回归模型中，“素质目标”则成为唯一通过显著性检验的变量进入到大学生学习投入的回归模型中，同时，随着年级的提升，大学生学习任务目标也会随之变化。在实际调研过程中我们发现，大学生学习任务目标的这种变化与调整往往是被动做出的，通过科学的学业生涯规划和事先预案实现动态、有效应对的很少。学业生涯规划是大学生结合自我偏好、个性等特质以及社会就业需求导向，针对自身大学期间学业目标制订计划和实施方案的过程，以增强大学生的社会适应

性和竞争力。一般地，大学生学业生涯的分级规划如下所述：一年级主要是专业教育与选择；二年级应注重专业基础知识的积累与拓展；三年级则要学会将相关理论知识向特定行业领域延伸；四年级主要围绕就业、考研或出国等问题展开。传统的教学方法以知识、技能的传授为主，难以跟上外部环境以及大学生学习任务目标的变化。因此，高校需要打破学习与专业的边界，提升大学生对外部环境的警觉度和采取最佳学习规划的意愿度，实现“以变应变”“以动制动”的动态化学习。

第二节　基于情绪和感知的学业挑战度对大学生学习投入的影响

2018 年 6 月 21 日，教育部陈宝生部长在新时代全国高等学校本科教育工作会议上，提出了对大学生要合理“增负”，提升大学生的学业挑战度，激发学生的学习动力和专业志趣，改变轻轻松松就能毕业的情况，真正把内涵建设、质量提升体现在每一个学生的学习成果上。2019 年 10 月发布的《教育部关于深化本科教育教学改革 全面提高人才培养质量的意见》则明确指出，要提升学业挑战度，强化人才培养方案、教学过程和教学考核等方面的质量要求，科学合理设置学分总量和课程数量，增加学生投入学习的时间，提高自主学习时间比例，引导学生多读书、深思考、善提问、勤实践。于是，大学生“增负”的话题引起广泛关注，学业挑战度这一概念也由学术领域进入了大众视野。然而，从提升学业挑战度的角度看，本科教育“增负”并不是量的简单叠加和相关课程零打碎敲的改进，也不仅仅是“增加学业时间和任务”“要让大学生毕业和课程难起来”等具体做法，而应该是质的复合增长和整个学业体系的彻底创新与改进。综合相关文献，目前对于如何提升大学生学业挑战度的系统理论研究却很少，深度也不够。在本科教学实践方面，2008 年，清华大学提出了“挑战性学习课程”的教学模式，并于 2012 年首次启动了挑战性学习示范课程建设项目。但由于国内高校在办学特色、专业类别、实力规模等方面的差异，再加上当代大学生明显的情绪化以及学业挑战度感知依赖性的特征，因此，提升大学生学业挑战度不仅要强调外部影响因素的重要性，更应注重大学生内在的自主学习能力提升、情感状态和个性化发展。为此，本研究以在校大学生为研究对象，运用实证方法研究基于情绪和感知的学业挑战度对大学生学习投入的影响以及相关变量之间的相互作用关系。

一、文献综述与假设提出

（一）学业挑战度、感知价值与大学生学习投入

学业挑战度的概念源自 NSSE 测量工具的五个维度之一，且为首要维度，最初体现在学生学习的努力程度、学生感知的课程认知目标以及学生感知的院校环境等三个方面。从 2000 年春季开始，NSSE 在美加两国部分高校的新生及高年级学生中投入使用，采集能够反映高等教育内涵及教学质量的相关数据，以期提炼出能够体现最佳教学实践的标杆性指标。学习投入是决定大学生学习效果和个性发展的关键因素，而 NSSE 则成为评估大学生在多大程度上参与有效教育实践，以及他们对通过大学经历所获得知识价值感知看法的常用工具（Megan 和 Steven，2010）。

一般认为，学业挑战对学生的学习参与和成就至关重要，当学习者面临有挑战性的任务时，即认为手头的学习活动需要某种类型的认知或物质投入时，他们会更努力地完成学习任务。Strati 等（2017）的研究结果表明，学生对学业挑战的感知与他们参与科学学习活动的即

时报告结果呈正相关关系，即学生感知到的学业挑战度与其学习投入度正相关。NSSE 于 2013 年采用最新版的四个学业挑战度指标对 568 所美国学士学位授予机构的 3 万多名一年级和高年级学生进行了随机抽样调查，结果表明，研修要求尽其最大努力课程的学生也更重视高阶学习和更高水平的反思性和综合性学习，与那些认为课程挑战性低的学生相比，表示课程挑战性高的学生对高阶学习的重视程度几乎翻了一番。无论是在技术类课程方面的学习投入还是学生对技术的理解和使用，学业挑战度的相关指标都对其产生了积极的影响。

越来越多的研究表明，学生在学术环境中会经历各种情绪体验，并对挑战性学业任务有着不同的价值判断和行为反应，因此，情绪会影响学习的参与度和持久性，如 Kahu 等（2015）根据情绪的两个维度（正向/积极和负向/消极）提出，情绪可能会对学习的行为和结果产生不同的影响。例如，悲观被认为是一种消极的情绪，它与挑战性学业任务感知价值设置中的风险与利失相关，而在学习活动中的享受则是一种积极的情绪，与感知价值利得有关。根据控制价值理论，学生对学习控制和价值的评估将受到其情绪状态的影响：面对同样困难的学习任务，处于积极情绪状态中的学生会感到自己有能力应对任务的挑战和要求并认为任务很重要、很有价值，而处于消极情绪状态中的学生则可能表现出更多的愤怒、焦虑或无聊，挑战性学业任务成为他们心中的压力和负担，毫无价值可言。Mantou 和 Kimberly（2017）在一项关于语言学习的研究中发现，一个人的情绪状态对其认知和行为有着深刻的影响，特别是在迎接挑战和新机遇，或面对批评和失败时，心态积极的人更可能把学业挑战看作证明自己才华和智慧的机会，或者是胜利，而处于消极情绪状态中的学生则可能把学业挑战看作应该避免的事情，甚至会在面临挑战时轻易放弃。基于上述分析，本研究提出如下假设（见图 3－4）。

H1：学业挑战度对大学生学习投入水平的提升存在着正向影响。

H2：情绪状态在学业挑战度对学业任务感知价值的影响过程中起到调节作用。

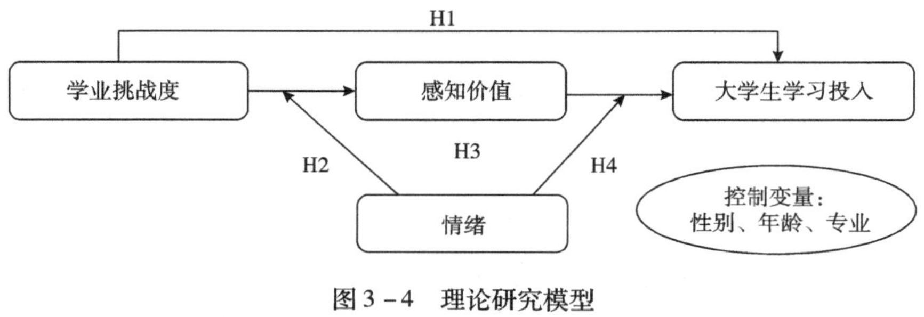

图 3－4　理论研究模型

（二）感知价值、情绪状态与大学生学习投入

有研究显示，学习者在学习投入水平或努力程度方面的前因（例如，感知到的挑战性学业任务的价值或重要性大小）与后果（即学习投入水平高低）之间表现出显著的相关关系。一般地，在形成（或确认）某种学习动机之前，学习者会围绕“前因”计算他们的利益得失，通过这种感知价值逐渐积累关于特定学习行为的“后果”，进而决定其在学习投入或努力方面的倾向性（Meredith 等，2019）。理论上，大学生的学习投入水平与其学习动机和承诺、归属感以及与成人、同龄人和其他支持他们学习和成就的人的关系发展有关，这是“大学生在课堂内外致力于有益于教育活动的时间和精力”。具体而言，是大学生对更有可能在学业上取得成功、更有可能顺利毕业、获得更好的成绩并对大学经历更满意等未来预期收益的感知，促使他们更加倾力于学业方面的付出（Koljatic 和 Kuh，2001）。学业挑战代表了学习和认知技能发展的额外机会，很重要的一点是，要把对这些额外机会的价值评价纳入改善大学教育的探索中来，需要对挑战性学业模式进行系统的价值评估和分析，并将成果用于为学生提供建议和帮助学生建立新的、更充分的学习信心基础。2014 年，盖洛普—普渡指数的调

查结果也表明，乐观积极、高效能感和适应力更强的学生会有更高的学业参与度，而当学生从事有挑战性的学业活动时，其益处远远超出大学毕业本身。具体而言，如果大学生在校期间从事实习、课外活动、社团组织以及综合性的学期项目等颇具学业挑战性的活动，他们在毕业后从事工作的机会将增加一倍以上（Luthans 等，2016）。

学业挑战的体验是主观的：学生是否认为一项活动具有挑战性在很大程度上取决于其实际的和感知到的价值水平。学业挑战代表着学习和思维能力发展的额外机会，同时也是一种伴随着失败风险的成就情境，因此，学习者是基于学业挑战度能够为其带来机会或风险的价值感知来决定他们在学习上的投入水平的（Stephen 等，2005）。于是，当学生在以感知价值利得为特征的学习环境或学习任务中面对挑战时，他们可能会受到挑战的激励，从而产生更高的学习参与度；而当学生在以感知价值利失为特征的学习环境或学习任务中经历学业挑战时，他们可能会感受到威胁，而不是挑战的激励，从而选择逃避（Semmer 等，2008）。例如，在阅读领域，高度复杂和要求高的文本与较低的享受感和消极的情绪状态有关，特别是当学生的学习兴趣较低时。同样，如果学生在努力掌握学习内容的过程中反复经历挫折，他们会对教学产生厌恶情绪，强烈认为具有挑战性的学业任务始终与失败/价值利失联系在一起，从而大幅降低学习投入水平甚至彻底放弃（Maria 和 Fulmer，2013）。Oznur 等（2015）的研究结果也表明，大学生的学习参与程度与更高的乐观情绪相关联，这种乐观情绪直接预示着大学生将更多地参与有挑战性的学习活动。也就是说，大学生积极的心理资源与更高层次的价值感知、实现学业目标的意愿和努力、对取得积极学业成绩的现实乐观态度等有关。综合上述分析，本研究提出如下假设（见图 3 -4）。

H3：感知价值在学业挑战度对大学生学习投入水平产生影响的过程中具有中介效应。

H4：情绪状态在感知价值对大学生学习投入水平产生影响的过程中起到调节作用。

二、研究设计

（一）变量定义及测量

本研究的变量定义和测量尽量采用国内外公开发表文献已使用过的成熟量表，以保证研究的信度和效度。其中，关于学业挑战度的测量，NSSE 最初采用 11 个问题从阅读、写作、解决问题等方面对大学生的学业挑战水平（LAC）基准进行检测，从 2013 年开始，正式采用高阶学习、反思性及整合性学习、学习策略和定量推理四个维度共 17 个问题测量大学生的学业挑战度，即本研究所使用的测量量表；对挑战性学业任务的价值感知则是在 Kahu（2013）等感知价值测量模型的基础上，结合 Duncan（2018）、Townsend 和 Hicks（2011）的系列量表进行测量；借鉴 Westbrook 和 Oliver（1991）提出的双因素模型以及 Maria 和 Fulmer（2013）的学习状态量表，将情绪状态划分为积极情绪和消极情绪两个维度；关于大学生学习投入的测量，国外主要有 NSSE 量表、Kahu（2013）以及 Schaufeli 团队 2002 年开发的 UWES - S 量表［工作投入量表（学生版）］，国内所使用的量表基本是结合本国国情在上述两大量表基础上进行的修订和完善，如杨立军等（2016）、李西营等（2010）等。本研究在上述研究的基础上，从大学生学习行为投入和态度投入两方面进行大学生学习投入的测量。正式调查之前，在小规模讨论修订问卷问项和措辞的基础上，我们针对本校企业管理专业的部分硕士生进行了预测试，然后根据反馈的结果对问卷进行了调整和完善，形成了最终的变量及其操作性定义，见表 3 - 5。最终的正式问卷包括两部分：受访者基本信息调查（包括年级、性别、所学专业类型等），受访者相关学习状态、习惯和行为调查（包括受访者在面对不同挑战水平学业任务时的价值感知与判断，对待相关学习任务的态度，在学习投入方面的意愿度以及当时的情绪状态等），问卷的题项均以李克特五级量表衡量各变量的程度，其中“1”表示完全不赞同，“5”表示完全赞同，请被调查者根据自己的实际情况和自我感知进行打分。

表3－5　变量定义及信度和效度检验结果

<table>
<tr><th colspan="2">一级变量</th><th>二级变量</th><th>变量定义
（测量问项举例）</th><th>文献依据</th><th>Cronbach's α值</th></tr>
<tr><td rowspan="2">因变量</td><td rowspan="2">学习投入（LE）</td><td>态度投入（AE）</td><td>我对学习充满热情，而且学习时心里只是想着学习</td><td rowspan="2">Schaufeli，2002；杨立军等（2016）；NSSE，2013</td><td>0.811</td></tr>
<tr><td>行为投入（BE）</td><td>我在学习上投入很多时间，并在学习过程中尽可能努力</td><td>0.768</td></tr>
<tr><td rowspan="4">自变量</td><td rowspan="4">学业挑战度（LAC）</td><td>高阶学习（HL）</td><td>学业任务中有很多强调具有挑战性的、复杂的认知任务</td><td rowspan="4">NSSE，2013</td><td>0.822</td></tr>
<tr><td>反思综合（RI）</td><td>学业任务鼓励学生重新审视自己并从他人的角度考虑问题</td><td>0.764</td></tr>
<tr><td>学习策略（LS）</td><td>学业任务有助于采取精准的干预措施，促进学习并成功</td><td>0.805</td></tr>
<tr><td>定量推理（QR）</td><td>学业任务有助于发展自己定量评价、分析和推理的能力</td><td>0.813</td></tr>
<tr><td>中介变量</td><td>感知价值（PV）</td><td>感知价值（PV）</td><td>该学业任务将使我在知识、技能和社交方面收获颇丰</td><td>Anna等（2017）；Duncan（2018）；Townsend和Hicks（2011）</td><td>0.773</td></tr>
<tr><td rowspan="2">调节变量</td><td rowspan="2">情绪状态（ES）</td><td>积极情绪（PE）</td><td>整个学习过程中我感到愉悦、心情舒畅，我喜欢学习</td><td rowspan="2">Westbrook和Oliver（1991）；Maria和Fulmer（2013）</td><td>0.791</td></tr>
<tr><td>消极情绪（NE）</td><td>整个学习过程中我感到焦虑、不安、痛苦，我想逃避</td><td>0.765</td></tr>
<tr><td rowspan="3">控制变量</td><td rowspan="3">样本特征（SC）</td><td>性别（GE）</td><td>女生/男生（0/1）</td><td rowspan="3">Emmerson，2010；Embry，2003；Carlton，2001</td><td>0.770</td></tr>
<tr><td>年级（GR）</td><td>低年级（大一、大二）/高年级（大三及以上）（0/1）</td><td>0.765</td></tr>
<tr><td>专业（SS）</td><td>文科/理科（0/1）</td><td>0.753</td></tr>
</table>

（二）样本选择

本研究采用网络问卷方式收集样本，问卷发放的对象为江苏省省内与本项目有科研合作关系的5所高校共12个专业的在校大学生。通过问卷星平台形成链接在相关教师正在或曾经授课的班级群（微信群或QQ群）发放。系统共计回收问卷693份，剔除无效问卷（主要是缺失值、重复率过多以及“互斥问题”不协调等）后，有效问卷共657份，有效问卷率为94.8%。其中，女生为462人，占70.3%；平均年龄21.3岁；低年级的学生为242人，占36.8%；文科专业的学生为389人，占59.2%。

三、实证研究过程与结果

（一）量表的信度和效度检验

采用Cronbach's α值进行量表的信度检验，分析结果见表3-5。数据表整体的Cronbach's α值为0.776，整个量表可靠性和稳定性较好，信度较高。本研究的量表设计均以现有理论为基础并参考已公开发表相关文献的量表加以修订，在与专家学者访谈和硕士生预调研的基础上，结合本研究背景进行设置，因而本研究所使用量表的内容效度较为可靠。同时，我们选用SPSS22.0对样本进行KMO（Kaiser-Meyer-Olkin）和Bartlett球度检验，KMO的值为0.787（大于0.6），说明样本较充足，适合做因子分析，Bartlett球度检验给出的相伴概率为0.001，小于显著水平0.05，拒绝Bartlett球度检验的零假设，说明本数据表及其各因子组成项目的结构效度较好。

（二）研究模型的假设检验

1. 感知价值在学业挑战度对大学生学习投入水平产生影响过程中的中介效应检验

采用分层多元回归方法，用五组模型来分析和检验本研究所提出的相关假设（见表3－6）。模型1组（$M_{AE}1$、$M_{BE}1$）检验了自变量（学业挑战度）对于因变量（大学生学习态度投入和行为投入）的影响（即H1）；模型2组（$M_{AE}2$、$M_{BE}2$）则在模型1组的基础上增加了控制变量（即样本特征，包括性别、年级、专业）以进一步考察学业挑战度对于大学生学习态度投入和行为投入的影响；模型3组（$M_{AE}3$、$M_{BE}3$）考察感知价值对大学生学习投入水平的回归情况；模型4组（$M_{AE}4$、$M_{BE}4$）分析了感知价值在学业挑战度对大学生学习投入水平影响的过程中的中介效应（即H3）；模型5组（$M_{AE}5$、$M_{BE}5$）则在模型4组的基础上增加了控制变量（即样本特征，包括性别、年级、专业）以进一步考察在感知价值的中介作用下学业挑战度对于大学生学习态度投入和行为投入的影响。在此过程中，我们对所有变量都进行了均值中心化处理，以避免出现多重共线性的问题。

（1）学业挑战度对大学生学习投入水平影响的回归分析（H1）

如表3－6所示，从$M_{AE}1$可以看出，学业挑战度的四个特征维度中只有学习策略一个维度进入了大学生学习态度投入的回归模型，并与大学生学习态度投入之间存在着较为显著的正相关关系（β值为0.139^{**}）。而由模型额外的变异解释度（ΔR^2）可知，回归模型可以解释因变量14.0%的总变异。$M_{BE}1$则显示，学业挑战度的四个特征维度中有高阶学习和定量推理两个维度进入了大学生学习行为投入的回归模型，并与大学生学习行为投入之间存在着较为显著的正相关关系（β值分别为0.209^{**}、0.197^{**}），回归模型额外的变异解释度（ΔR^2）达到了0.119，可以解释因变量11.9%的总变异。

表 3 - 6　感知价值在学业挑战度对大学生学习投入水平影响过程中的中介效应检验（N = 657）

变量	学习态度投入（AE）回归模型及相关系数					学习行为投入（BE）回归模型及相关系数				
	$M_{AE}1$	$M_{AE}2$	$M_{AE}3$	$M_{AE}4$	$M_{AE}5$	$M_{BE}1$	$M_{BE}2$	$M_{BE}3$	$M_{BE}4$	$M_{BE}5$
性别（GE）		-0. 206 **			-0. 123 *		-0. 214 **			-0. 137 *
年级（GR）		-0. 227 **			-0. 144 *		-0. 230 **			-0. 059
专业（SS）		0. 136 *			0. 049		0. 128 *			0. 066
高阶学习（HL）						0. 209 **	0. 212 **			
反思综合（RI）										
学习策略（LS）	0. 139 **	0. 225 **								
定量推理（QR）						0. 197 **	0. 220 **			
感知价值（PV）			0. 384 ***					0. 391 ***		
HL * PV				0. 271 ***	0. 333 ***				0. 295 ***	0. 334 ***
RI * PV				0. 310 ***	0. 371 ***				0. 323 ***	0. 379 ***
LS * PV				0. 371 ***	0. 386 ***				0. 377 ***	0. 390 ***
QR * PV				0. 368 ***	0. 375 ***				0. 366 ***	0. 381 ***
R^2	0. 142 **	0. 171 **	0. 315 ***	0. 380 ***	0. 388 ***	0. 220 **	0. 195 **	0. 352 ***	0. 396 ***	0. 400 ***
ΔR^2	0. 140 *	0. 167 *	0. 314 ***	0. 378 ***	0. 387 ***	0. 119 *	0. 192 **	0. 350 ***	0. 394 ***	0. 397 ***
F 值	5. 011 **	4. 977 **	17. 107 ***	18. 115 ***	20. 011 ***	7. 771 **	6. 011 **	17. 757 ***	19. 610 ***	19. 941 ***

注：*** 表示 P ＜0. 001，** 表示 P ＜0. 01，* 表示 P ＜0. 05（双尾）。

模型1组（$M_{AE}1$、$M_{BE}1$）的 R^2 和 F 值均通过了显著性检验，从而H1部分得到验证。如果把性别、年级、专业三个控制变量加入回归模型，见模型2组（$M_{AE}2$、$M_{BE}2$），计算结果显示，性别和年级两个控制变量的β值均为负，专业的β值则为正，即女生相比于男生、低年级相比于高年级、理科专业相比于文科专业，在大学生学习投入（无论是态度投入还是行为投入）方面，均表现出不同程度的积极正向的特点，而在学业挑战度对大学生学习投入的影响方面，随着三个控制变量的引入，学习策略对于大学生学习态度投入的影响，以及高阶学习和定量推理对于大学生学习行为投入的影响，其β值均有不同程度的提升（见表3-6）。

（2）感知价值在学业挑战度和大学生学习投入水平影响过程中的中介效应分析（H3）

首先，我们考察学业挑战度与学业任务感知价值的回归分析（分析结果见表3-7）。由计算结果可以看出，学业挑战度的四个特征维度都进入了学业任务感知价值的回归模型，且正向显著性较好，即四个变量正向影响学业任务感知价值。决定系数 R^2 为0.323表明回归模型解释了总变异的32.3%，即因变量（感知价值）的变异中有32.3%是由自变量（学业挑战度的四个维度）所引起。ΔR^2 为重点关注的统计量，值越大表明模型拟合效果越好。也就是说，一旦大学生认可了相关学业的挑战度水平，他们便会觉得该学业任务是能够给他们带来价值的。

其次，考察模型3组（$M_{AE}3$、$M_{BE}3$），即学业任务感知价值与大学生学习投入程度的回归分析（见表3-6）。分析结果表明，学业任务感知价值对大学生学习投入程度（态度投入和行为投入）的影响均通过了0的显著性水平检验（β值分别达到了0.384***、0.391***），感知价值正向影响大学生学习投入程度，ΔR^2 也显示本回归模型拟合度较好，决定系数 R^2 分别达到31.5%和35.2%，即因变量（大学生学习态度投入和大学生学习行为投入）的变异中分别有31.5%和35.2%是由自变量（感知价值）引起的。

表3-7　学业挑战度四个维度对学业任务感知价值的回归分析（N=657）

自变量	因变量	回归系数	t值	Sig	F值	R^2	ΔR^2
高阶学习（HL）	学业任务感知价值（PV）	0.181	1.033	0.019	9.463	0.323	0.321
反思综合（RI）		0.295	5.304	0.007			
学习策略（LS）		0.401	8.402	0			
定量推理（QR）		0.370	7.759	0			

第三，我们考察模型4组（$M_{AE}4$、$M_{BE}4$），即学业挑战度与感知价值的交互作用对大学生学习投入的回归分析（见表3-6）。可以看出，当我们把感知价值的中介效应引入回归模型之后，无论是大学生学习态度投入还是大学生学习行为投入，学业挑战度的四个特征维度都进入了大学生学习投入的回归模型，且正向显著性较好，即四个变量均正向影响大学生学习态度投入和大学生学习行为投入，其中，学业挑战度的学习策略和定量推理两个维度与感知价值的交互作用对大学生学习投入的影响最为显著（见表3-6）。模型4组（$M_{AE}4$、$M_{BE}4$）的决定系数R^2分别达到38.0%和39.6%，从而H3得到验证。

最后，在模型4组（$M_{AE}4$、$M_{BE}4$）的基础上，我们把性别、年级、专业三个控制变量加入回归模型，见模型5组（$M_{AE}5$、$M_{BE}5$），计算结果显示，与模型2组（$M_{AE}2$、$M_{BE}2$）相对照发生了较为显著的变化：在感知价值的中介效应作用下，三个控制变量自身的显著性均呈现出不同程度的衰减，即调查样本的学习投入水平在性别、年级、专业等方面表现出的差异性被缩小，但学业挑战度与大学生学习投入之间的正相关关系却均在不同程度上得到了增强（见表3-6）。

2. 情绪状态的调节效应分析（H2、H4）

（1）情绪状态在学业挑战度和学业任务感知价值之间的调节效应分析（H2）

单独考察情绪状态（积极/消极）和学业挑战度对大学生学业任务感知价值的回归时，R^2 分别为0.323和0.221（见表3－8），而当分别加入“学业挑战度＊积极情绪状态”以及“学业挑战度＊消极情绪状态”的交互项后，R^2 分别达到0.372和0.266，$\triangle R^2$ 分别为0.369和0.262，同时，两项检验的标准化系数均为0，通过了显著性检验。因此，可以证明情绪状态的两种状态（积极/消极）在学业挑战度对学业任务感知价值的影响过程中，均呈现出不同程度和不同方向的调节作用（见图3－5），于是，本研究的H2得以验证。

表3－8　情绪状态在学业挑战度和学业任务感知价值之间的调节效应分析（N＝657）

模型		非标准化系数		标准系数	t	Sig.	$R^2/\Delta R^2$
		β	标准误差	试用版			
1	（常量）	11.322	0.019		11.536	0	
	学业挑战度（LAC）	0.301	0.005	0.312	14.512	0	0.323/0.320
	积极情绪（PE）	0.280	0.005	0.295	7.733	0.003	0.209/0.205
2	（常量）	9.806	0.011		14.121	0	
	学业挑战度（LAC）	0.366	0.003	0.384	10.417	0	0.372/0.369
	积极情绪（PE）	0.411	0.003	0.422	9.010	0	0.380/0.378
	LAC＊PE	0.185	0.010	0.074	7.586	0.003	
3	（常量）	8.960	0.014		10.772	0.001	
	学业挑战度（LAC）	−0.197	0.022	−0.202	7.361	0.003	0.221/0.217
	消极情绪（NE）	−0.192	0.031	−0.200	4.711	0.007	0.151/0.146
4	（常量）	6.014	0.037		11.251	0	
	学业挑战度（LAC）	−0.219	0.020	−0.233	9.302	0.001	0.266/0.262
	消极情绪（NE）	−0.198	0.004	−0.212	7.171	0.003	0.169/0.165
	LAC＊NE	−0.093	0.005	−0.081	3.016	0.027	

（2）情绪状态在学业任务感知价值和大学生学习投入水平之间的调节效应分析（H4）

首先，我们考察大学生的情绪状态在学业任务感知价值和大学生学习态度投入水平（AE）之间的调节效应（见表3－9），回归分析结果显示，R^2 分别为0.287和0.182，而当分别加入“感知价值＊积极情绪状态”以及“感知价值＊消极情绪状态”的交互项后，R^2 分别达到0.294和0.216，$\triangle R^2$ 分别为0.292和0.214，同时，两项检验的标准化系数均达到0，通过显著性检验。因此表明，大学生情绪状态的两个维度在学业任务感知价值对大学生学习态度投入水平影响过程中均呈现出不同程度和不同方向的调节作用（见图3－5）。

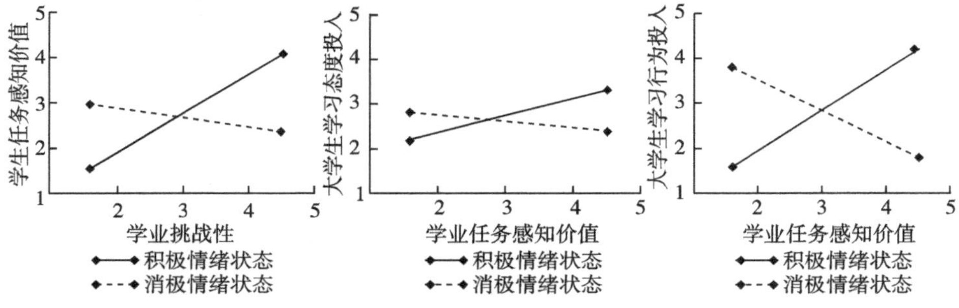

图3－5 情绪状态的调节效应分析

然后，我们考察大学生情绪状态在学业任务感知价值和大学生学习行为投入水平（BE）之间的调节效应（见表3－9），回归分析结果显示，R^2 分别为0.333和0.220，而当分别加入“感知价值＊积极情绪状态”以及“感知价值＊消极情绪状态”的交互项后，R^2 分别达到0.402和0.236，$\triangle R^2$ 分别为0.400和0.232，同时，两项检验的标准化系数分别为0和0.003，均通过了显著性检验。因此可以证明，大学生情绪状态的两个维度在学业任务感知价值对大学生学习行为投入水平影响过程中均呈现出不同程度和不同方向的调节作用（见图3－5）。

表3-9 情绪状态在学业任务感知价值和大学生学习投入水平之间的调节效应分析（N=657）

模型		学习态度投入（AE）调节效应及相关系数						学习行为投入（BE）调节效应及相关系数					
		非标准化系数		标准系数	t	Sig.	$R^2/\Delta R^2$	非标准化系数		标准系数	t	Sig.	$R^2/\Delta R^2$
		β	标准误差	试用版				β	标准误差	试用版			
1	（常量）	9.373	0.015		15.144	0		22.134	0.014		31.502	0	
	感知价值（PV）	0.279	0.012	0.281	11.530	0.003	0.287/0.283	0.309	0.006	0.315	17.523	0	0.333/0.332
	积极情绪（PE）	0.259	0.016	0.299	6.722	0.005	0.241/0.237	0.336	0.012	0.341	9.420	0.001	0.355/0.352
2	（常量）	7.662	0.017		14.679	0		18.435	0.013		22.230	0	
	感知价值（PV）	0.297	0.010	0.309	10.227	0	0.294/0.292	0.403	0.011	0.412	15.301	0	0.402/0.400
	积极情绪（PE）	0.346	0.005	0.369	7.355	0.003	0.317/0.313	0.409	0.006	0.422	9.044	0	0.372/0.369
	PV * PE	0.116	0.045	0.207	4.104	0.005		0.139	0.022	0.169	3.601	0.011	
3	（常量）	12.511	0.019		20.303	0		17.417	0.012		20.501	0	
	感知价值（PV）	-0.176	0.003	-0.197	7.123	0.005	0.182/0.178	-0.183	0.016	-0.205	9.117	0.003	0.220/0.217
	消极情绪（NE）	-0.182	0.003	-0.202	3.338	0.011	0.218/0.212	-0.215	0.017	-0.233	4.182	0.013	0.255/0.250
4	（常量）	10.132	0.015		16.118	0		12.203	0.011		15.107	0	
	感知价值（PV）	-0.221	0.001	-0.291	10.771	0	0.216/0.214	-0.262	0.013	-0.267	9.528	0.003	0.236/0.232
	消极情绪（NE）	-0.244	0.002	-0.318	7.417	0.003	0.257/0.253	-0.277	0.007	-0.281	6.131	0.011	0.281/0.277
	PV * NE	-0.121	0.019	-0.164	3.530	0.023		-0.119	0.021	-0.110	3.772	0.037	

四、结论与启示

本研究在对国内外相关文献整理和分析的基础上，侧重从学业任务感知价值的中介效应以及情绪状态的调节效应的角度，探讨学业挑战度对大学生学习投入产生的影响。结合本实证研究的结果，我们得出如下结论。

1. 系统思考，科学设计大学生学业挑战度

表3－7学业挑战度与学业任务感知价值的回归分析系数值表明，学业挑战度的学习策略和定量推理影响性较强，高阶学习的影响性最弱，说明大学生对于高效的学习策略以及定量推理方面知识的渴求度较高，而对于学业任务的难度（高阶学习）则反应偏弱。也就是说，学业挑战并不只是简单地强调“难度”，单纯的学业任务难度的提升难以在大学生学业任务感知价值的提升方面取得明显的效果，必须进行系统、科学的设计。要对学业内容和课程模式进行系统的评估和分析，将富有挑战性的学习定义为整个大学学业过程的一部分，促使大学生的信念和思想与所要解决的问题结合在一起，全面提高大学生学业内容的完整性、学习过程的均衡性以及学习行为的自主性，注重批判性思维和定量推理技能的培养，强调新知识获取与集成的过程，鼓励大学生监控和评估自己的学习行为与策略，从而实现人与学习环境之间的协同交互。

2. 培养兴趣，激发大学生积极的学习情绪

本实证研究的结果表明，积极的情绪状态在学业挑战度对学业任务感知价值的影响，以及在感知价值对大学生学习投入水平的影响过程中均起到较为显著的正向调节效应，而兴趣往往被视作积极从事一项任务的内在动机，因为它本身就是有趣的或令人愉快的，并能够激发出个体积极的情绪状态，这已成为学习过程中的重要现象。兴趣的培养分为四个阶段，包括触发情境兴趣，维持情境兴趣，新形成的个人兴趣和发展良好的个人兴趣。情境兴趣对学习注意力和毅力具有积极影响，对于学生自愿选择更具挑战性的学业任务是十分必要的。可以基于社交媒体构建学习社区（Learning Community），在其中，学习者可以共享基于互联网的教学资源，通过利用外部资源和现实世界的实例加深对挑战性学业任务的理解，并自由地发表和讨论各自的学习体会与观点，这可以进一步培养大学生对特定学业主题的兴趣，进而对大学生学习投入水平产生积极的影响（Grange 和 Miller，2018）。

3. 注重体验，提升大学生学业任务感知价值

感知价值在学业挑战度对大学生学习投入水平产生影响过程中所具有的中介效应已得到本实证研究的验证，Duncan（2018）的研究也发现，感知价值（例如成就价值，即在实际学业任务中表现优异的主观重要性）是学习任务投入和（持续投入）动机的必要前提，而价值感知的过程同时也是情感体验的过程，于是，人们越来越意识到学生的情绪体验对于学习坚持和学业成就的重要性。为了更好地理解激励过程及其对后续学习行为的影响，我们应持续关注学生在真实学业任务中的情感体验如何变化以及这些变化如何影响激励结果。可以在学业任务中系统化、多层次地设计实质性参与、反思综合、抽象推理、思维碰撞和认知检验等过程，形成螺旋式上升的知识创造循环；也可以积极发展“互联网＋教育”、探索智能教育新形态，着力打造一大批具有高阶性、创新性和挑战度的线下、线上、线上线下混合、虚拟仿真和社会实践“金课”，形成立体高效的“体验式教学体系”；还可以组织和鼓励学生积极参加社会调查、生产劳动、志愿服务、公益活动、科技发明和勤工助学等社会实践活动，以人文素养的提升反哺教学，充分体现体验式教学“干中学”的本质。

4. 印象管理，内生驱动大学生学习投入水平

心理学中，印象管理（Impression Management）被认为是能够帮助个体创造各种期望的积极的社会形象并从社会行为交往伙伴那里获得利益的具体行为，这往往会成为个体特定行为的内在激励力量。也就是说，有效的印象管理可以成为提升大学生学习投入水平的内生驱动力（Bolino 等，2008）。本研究发现，女生相比于男生、低年级相比于高年级、理科专业相比于文科专业，在大学生学习投入（无论是态度投入还是行为投入）方面，均表现出不同程度的积极正向的特点。因此，建议加强学业和课程体系的整体规划设计，兼顾定量推理与反思综合，促进不同专业课程之间的有机融合，实现学科交叉基础上学业和课程的差异化、特色化，设置与年级提升相匹配的学业和课程内容等。利用女生“女汉子”、男生“刚柔并济”、特定专业学生“跨界：我能行”、高年级学生“这就是，也只能是高年级学生才能完成的学业任务”等印象管理的心理作用机制，内在激发大学生的学习动机并促进学习投入水平的提升。

第三节　基于任务难度的学习任务目标框架对大学生学习投入的影响

一、引言

艺术设计与工程技术是产品设计的两大基石，因此，作为工业设计专业核心课程的产品设计类课程是人文艺术与科学技术的融合，教学重点在于提升学生将基础理论知识消化吸收用于项目设计，并尝试通过设计智慧解决实际问题的能力，创新是灵魂（余静贵和刘旭辉，2018）。也正是产品设计类课程的这种创造性、实践性和综合性的特征，要求教师在教学过程中做到因人、因事、因时而异，推行自主学习，注重学生的个性化发展。但目前相关院校的产品设计课程教学基本还是参照或沿用传统艺术设计或者工业设计的专业要求，并未从根本上实现课程体系和教学内容与方式的革新，设计出来的产品缺乏灵魂（雷锦锋，2019）。而在课程考核评价方面，现行的有综合性课程作业和期末终结性考试两种方式，学生要么完全出于应付的态度而随大流，要么纯粹为考而学，从而极大地抑制了学生的自主性与创造力（张晴等，2019）。产品设计类课程的教学强调的是综合性和实践性，必须建立在学生个性化自主学习的基础上。

因此，本研究拟从学习者个体存在的促进性和防御性两种不同性质的自我调节方式入手，结合产品设计类课程学习任务目标框架（积极/消极）特征以及学习任务不同的难度水平，借助正交实验设计方法分析大学生的学习投入程度，以充分调动大学生学习的积极性和主动性，进一步深化产品设计类课程教学改革创新，从而全面提升产品设计专业人才培养质量。

二、相关理论背景分析

如前文所述，大学生学习投入的水平和行为决策的影响因素主要分内外部两种，学习任务目标类型及难度水平是最主要的外部影响因素，内部影响因素主要包括决策模式（认知/感知模式）、情绪、自我调节特征和自我效能感等。需要特别指出的是，上述内外部影响因素并非孤立地起作用，有研究表明，参与式设计（PD）作为模块开发工具，可以通过不同难度水平项目的设计和开发，使学生在产品模块设计中受到智力刺激，并能够在更高的技术设计水平上付出努力和做出贡献，从而增强整体教学和课程评价效果（Inguva 等，2018）。也就是说，外部刺激如学习任务目标框架（积极/消极）特征以及学习任务不同的难度水平将通过学习者内在的心理调节机制对其学习投入的程度施加影响，而这也正是本研究所重点关注的。

运用调节定向/调节匹配理论进行的大学生学习投入的相关研究发

现，积极/获益学习任务框架与大学生学习投入的活力、奉献维度显著正相关，消极/损失任务框架与大学生学习投入的专注维度显著正相关；获益框架与大学生学习的情感投入和认知投入程度显著正相关，且任务目标难度越高，这种正相关性越显著，损失框架则与大学生学习的行为投入程度显著正相关；促进性自我调节定向的大学生愿意为积极的学习任务目标付出更多，而防御性自我调节定向的大学生则会为消极的学习任务目标付出更多，且学习投入的专注程度提升显著（Kahu，2013）。

综上，由于受到多种因素的影响，本研究采用多因素实验，即2（个体调节定向：促进定向/防御定向）×2（学习任务目标框架：积极框架/消极框架）×3（学习任务难度水平：高/中/低）的组间设计，探究学习任务目标框架下学习任务目标难度与产品设计专业大学生学习投入程度间的调节定向/匹配效应。

三、实验设计与研究发现

1. 关于正交实验设计

在本研究所进行的多因素实验中，共计有12种不同的组合最终决定大学生学习投入程度或状态。考虑到调查问题过多会降低调查精度并可能引发受访者的抵触情绪，因此，我们选择适合多因素、多水平对比实验的正交实验方法，以期在不减少数据量的前提下，最大限度地精简调查问题和实验的数量。正交实验设计方法可以从大量的实验影响因素中筛选出具有正交性质的因子和指标，并通过均衡配比组合，使得筛选出的实验组合能够覆盖所有因素组合从而确保其典型性和代表性。经过归纳分析，发现影响产品设计课程大学生学习投入水平的因素有三个：调节定向、任务目标框架、任务难度水平。正交实验因素水平表如表3－10所示。

表3－10 正交实验因素水平表

因素	水平		
	调节定向	任务目标框架	任务难度水平
1	1 促进定向	1 积极	1 高等
2	2 防御定向	2 消极	2 中等
3			3 低等

2. 问卷设计与样本选择

我们尽量采用国内外已发表文献使用的成熟量表进行问卷设计以保证信度和效度。其中，大学生学习投入的测量，在 NSSE 量表和 Schaufeli 团队开发的 UWES－S 量表［工作投入量表（学生版）］的基础上进行了修订和完善；大学生个体调节定向的测量，主要是参考了 Higgins 开发的调节定向问卷（Regulatory Focus Questionnaire，RFQ），并综合其他测量量表（如姚琦等修订的“中文版调节定向问卷”）设计而成；而学习任务目标框架和学习任务难度水平的测量量表，则是基于 Madhavan 等人（2012）以及高洁（2016）、Kahu 等人（2013）的相关研究编制而成。经过预测试以及调整和完善，正式问卷的内容包括：受访者的个人基本信息、大学生调节定向特质的调查、模拟产品设计学习任务框架、学习任务难度水平的调查以及学习投入程度的测量。量表均采用李克特五级量表，其中“1”表示完全不符合，“5”表示完全符合。

问卷发放的对象为南京财经大学艺术设计学院环境设计、视觉传达设计和动画 3 个专业共 10 个班级，以及江南大学设计学院工业设计、产品设计 2 个专业共 6 个班级的除大一新生之外的在校大学生。电子问卷在微信和 QQ 平台上共发放 180 份，剔除无效问卷后，有效问卷共 160 份，有效问卷率为 88.9%。

3. 正交实验结果分析

（1）极差和方差分析

我们首先对本正交实验结果进行极差和方差分析（见表 3－11）。

其中，极差分析法（也称直观分析法），是指通过比较极差的大小以确定影响因素的主次。极差可作为评价因素显著性的参数，其大小表明该因素的水平改变对实验结果的影响程度；而方差分析则可以准确地确定各因素对大学生学习投入影响的大小以及其是否具有统计学意义。

表3－11　极差和方差分析表（主体间效应的检验，因变量：学习投入）

因素	调节定向	目标框架	任务难度	方差来源	III 类平方和	自由度	均方	F	显著性
k1	3. 559	3. 827	3. 083	模型	2016. 149[a]	5	417. 962	1148. 673	0
k2	3. 253	2. 975	3. 626	调节定向	3. 520	1	3. 546	10. 027	0. 002
k3			3. 48	目标框架	25. 744	1	25. 744	73. 338	0
极差 R	0. 306	0. 852	0. 543	任务难度	8. 790	2	4. 395	12. 520	0
影响程度	目标框架 ＞任务难度 ＞调节定向			误差	54. 411	155	0. 351		
最优方案	促进定向	积极框架	中等难度	总计	2070. 560	160			

注：R 平方＝0. 974（调整后的 R 平方＝0. 973）。

从表3－11 的分析结果可以看出，大学生的调节定向特质、产品设计学习任务目标框架和任务难度三个影响因素均具有显著的主效应，即均对大学生产品设计课程学习投入程度产生显著影响，且这三个因素对大学生学习投入程度的影响大小依次为：学习任务目标框架 ＞任务难度 ＞调节定向。同时，如表3－11 所示，调节定向、任务目标框架和任务难度分别在 k1、k1 和 k2 水平时为最佳，即在积极任务目标框架、中等难度和促进定向这一状态组合情况下大学生的学习投入程度为最佳。而在大学生不同的调节定向特质以及任务难度水平下，学习任务目标框架的影响性可以通过图3－6 和图3－7 得到直观的展示。特别地，当调节定向为防御定向，学习任务为高等难度时，两种任务目标框架对大学生学习投入程度影响的差异最为显著（见图3－7）。

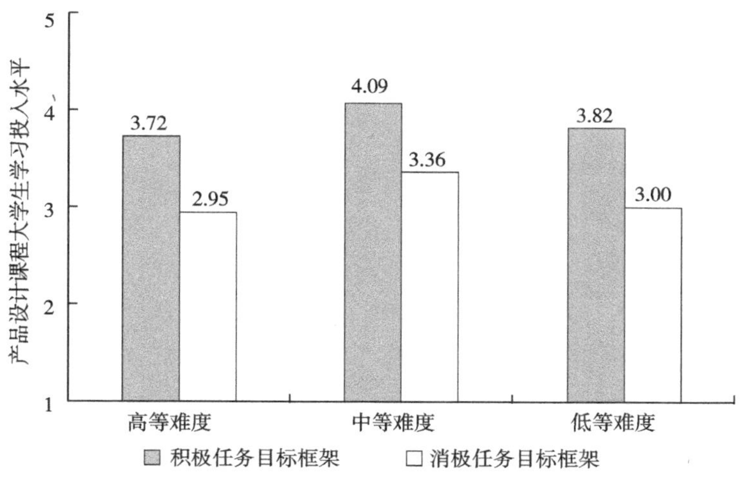

图 3－6 促进定向下任务目标框架的调节作用

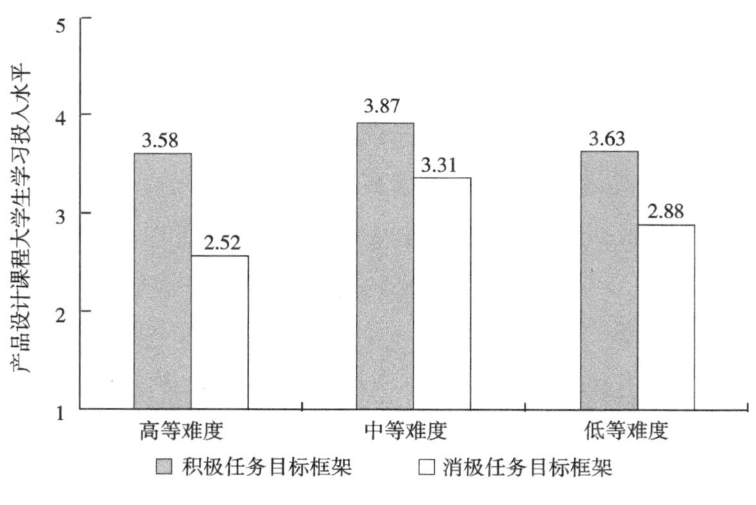

图 3－7 防御定向下任务目标框架的调节作用

（2）成对比较分析

我们将上述三个影响因素分别与产品设计类课程大学生学习投入水平进行成对比较研究，以便得出不同因素的影响程度、均数差值大小及分组情况（见表 3－12）。

表 3－12　成对比较分析表（因变量：大学生学习投入程度）

影响因素（I/J）			平均值差值（I—J）	标准误差	显著性[b]	差值的 95% 置信区间[b]	
						下限值	上限值
调节定向	1 促进定向	2 防御定向	0.318*	0.100	0.002	0.119	0.516
	2 防御定向	1 促进定向	－0.318*	0.100	0.002	－0.516	－0.119
任务难度	1 高等难度	2 中等难度	－0.489*	0.119	0	－0.725	－0.253
		3 低等难度	－0.530*	0.116	0	－0.759	－0.301
	2 中等难度	1 高等难度	0.489*	0.119	0	0.253	0.725
		3 低等难度	－0.041	0.116	0.724	－0.270	0.188
	3 低等难度	1 高等难度	0.530*	0.116	0	0.301	0.759
		2 中等难度	0.041	0.116	0.724	－0.188	0.270
任务目标框架	1 积极框架	2 消极框架	0.941*	0.110	0	0.724	1.158
	2 消极框架	1 积极框架	－0.941*	0.110	0	－1.158	－0.724

注：*. 均值差的显著性水平为 0.05。
b. 调节多重比较：最小显著差异法（相当于没有调节）。

由表 3－12 可以看出，在对产品设计课程大学生学习投入程度的影响方面，促进定向与防御定向之间存在着显著的差异性（$P<0.05$）；中等学习任务难度与高等、低等任务难度之间存在显著的差异性（$P<0.05$），而高等、低等任务难度之间则不存在显著的差异性（$P=0.724>0.05$）；积极任务目标框架与消极任务目标框架之间也存在着显著的差异性（$P<0.05$）。也就是说，综合以上成对比较分析结果来看，处于积极任务目标框架、中等学习任务难度和促进定向情况下的大学生学习投入度最佳（与前面极差分析的结果相一致）。

四、结论与启示

1. 设计积极的学习任务目标框架，提升产品设计课程大学生学习的情感投入度

现阶段，产品设计类课程的教师们比较习惯于通过学生能否完成某项设计任务来评价教学效果，而学生也习惯了以按部就班的方式将

完成作业或顺利通过考试（即消极的学习任务目标框架）作为自己学习任务目标达成的依据，但这一做法对于提升大学生学习投入水平而言已在本研究中被证实是十分低效的。本研究的正交实验结果表明，积极的学习任务目标框架在各种调节定向和学习任务难度水平下均能够显著地提升产品设计课程大学生的学习投入水平（见图3－6和图3－7），这是因为，大学生学习投入行为具有较为明显的情绪化特征。当代大学生追求独立、富于挑战，易于接受正向激励而排斥负向约束。作为一种复杂且多维的心理活动，情绪在对大学生的行为施加直接影响的同时又发挥了潜移默化的影响。情绪是把双刃剑，大学和中学在学习任务目标框架方面存在的明显反差要求大学教师必须高度重视大学生的情绪管理问题。积极的学习任务目标框架利于激发学生的情绪，有助于增强学生的学习体验，增强他们对复杂设计问题的理解，使他们在学习过程中认知自我、提升自我，并从情感上加大对学习的投入。

2. 调节学习任务难度水平，提升产品设计课程大学生学习的行为投入度

近年来，CDIO［即构思（conceive）、设计（design）、运用（implement）和运作（operate）］的过程式教学方法在设计类课程中逐步得到推广运用，旨在通过递进式教学综合培养学生的专业基础知识、个人与团队能力和工程系统能力（Sönmez，2018）。产品设计类课程的教学本身就是多阶段、过程式管理，强调在各阶段有针对性地设置不同主题和难度要求的课程教学目标和考核形式，以便最大限度地提升大学生的学习投入水平，其中，产品设计学习任务难度水平的拿捏是本研究关注的主要问题。研究发现，积极任务目标框架、中等任务难度和促进定向有助于形成最佳的大学生学习投入水平，而高等和低等任务难度之间则不存在显著的差异性。结合访谈，我们发现，过高的任务难度会让学生退缩，低任务难度则会让学生松懈，两者都会负向影响大学生的学习投入水平，因此，希望通过降低任务难度和考核标准来提高学生学习投入度的想法是不现实的，反倒是针对防御定向的大学生，采用高任务难度将可能极大地激发其潜能并取得意想不到的效果（见图3－7）。因此，产品设计类课程的教学可以针对不同类型学生的特点，有意识地设计和选择学习任务难度水平，使得教学的相关环节能够与学生的学业抱负、能力提升、社会认同以及自我实现等积极的学习任务目标框架相关联，充分调动学生学习的积极性，使学生在学习的过程中体验到成就感，从而提升大学生学习的行为投入程度。

3. 培养大学生的自我效能感，提升产品设计课程大学生学习的认知投入度

与严谨、客观、标准的理工类专业课程教学方式不同，产品设计类课程的教学目标与方式应该是形成于学习过程之中的，与真实的设计任务和情境有关，很难事先设定标准答案。建构主义学习理论认为，学习是基于认知和目标导向的，个体只有认清自己的目标，才可能更多地付出努力，而付出努力的程度则要取决于他们对自身能力与目标达成之间匹配度的判断，因此，过去成功的经验或经历就显得尤其重要了（Bandura，2001）。如图3－6和图3－7所示，处于防御定向状态下，特别是同时处于防御定向和消极学习任务框架下的产品设计专业大学生，其学习投入水平是普遍较低的，这与其个性特质密切相关：这类个体往往自我效能感偏低并表现出较为明显的趋利避害的行为偏好，对不利的信息和困难的情境持有排斥或逃避的态度，当遭遇挫折或失败时，往往归因于外部客观因素或者极力掩饰自己的错误以保持心理平衡进而减少付出甚至干脆放弃他们的努力。因此，应尽力提升产品设计专业大学生对自己能够凭借自身能力去实现或达成某项学习目标的自信程度。为此，要尽可能为产品设计专业大学生营造出自主学习的氛围，可采用如自我评价与奖惩、个性化学习目标设计、混合式学习课程设计、设计工作室制度、情境模拟与知识转换等方法，培养大学生自我效能感的正向认知，从而提升其学习投入水平。

第四节　基于情绪状态的学习任务目标框架对大学生学习投入的影响

一、引言

艺术设计专业的教学强调实践性和综合性，注重学生的个性化发展。因而，这对艺术设计专业大学生在学习任务及目标的设计、学习投入程度、自主学习能力甚至情绪状态等方面均提出了更高的要求。但艺术设计专业教学的现状却不容乐观：大学扩招引发的专业基础薄弱、课程体系简单拼缀、“课本位”现象严重等问题依旧存在（冯阳，2016）；大班授课难以进行有针对性的、个性化的创意启发和设计实操指导，课堂教学以理论讲授为主、课内实践为辅，内容枯燥、缺乏深度（王赟，2018）；“互联网+”时代，越来越多的高校将计算机辅助设计引入艺术设计类的教学之中，但作为人类情感独特表现形式的艺术设计，只能以人为创造主体，在教学过程中必须充分考虑大学生的主观能动性、个性特征以及情感认知等（宗梦帆和李莉，2007）。因此，本研究拟从学习者个体存在的促进性和防御性两种不同性质的自我调节方式入手，结合艺术设计专业学习任务目标框架（积极/消极）特征以及不同的情绪状态，分析大学生的学习投入程度，以便充分调动大学生学习的积极性和主动性，进一步深化艺术设计专业教学改革创新，从而全面提升艺术设计专业人才培养质量。

二、相关理论背景分析

从心理学的角度看，情绪是一种因与知觉、认知、行为反应相联系而模式化的动机。情绪一般分为积极与消极两种极端状态，积极情绪意味着高动机，个体的自我效能感也会随之增强，消极情绪则总是伴随着明显不愉悦的主观体验，个体的主动性和兴趣也会随之减弱。有研究表明，大学生的积极情绪、学习投入和自我效能感三者间存在两两相关关系，消极学业情绪不仅直接负向影响个体的在线学习投入，还会通过对自我效能感的弱化间接负向影响学习投入（高洁，2016）。大学生学习投入的相关研究发现，积极框架（追求成功）与大学生学习投入的活力、奉献维度显著正相关，消极框架（避免失败）与大学生学习投入的专注维度显著正相关；获益框架与大学生学习的情感投入和认知投入程度显著正相关，且任务目标难度越高，这种正相关性越显著，损失框架则与大学生学习的行为投入程度显著正相关；促进性自我调节定向的大学生愿意为积极的学习任务目标付出更多，而防御性自我调节定向的大学生则会为消极的学习任务目标付出更多，且学习投入的专注程度提升显著（Kahu，2013）。基于此，由于受到多种因素的影响，本研究采用多因素实验，即 2（个体调节定向：促进定向/防御定向）×2（学习任务目标框架：积极框架/消极框架）×3（情绪状态：积极/中性/消极）的组间设计，探究学习任务目标框架下情绪状态与艺术设计专业大学生学习投入程度间的调节定向/匹配效应。

三、研究设计与实验过程

1. 关于正交实验设计

在本研究所进行的多因素实验中，最终决定艺术设计专业大学生学习投入程度或状态的共有 12 种不同的组合。考虑到调查问题过多会降低调查精度并可能引发受访者的抵触情绪，因此，我们选择适合多因素、多水平对比实验的正交实验方法，以期在不减少数据量的前提下，最大限度地精简调查问题和实验的数量。正交实验设计方法可以从大量的实验影响因素中筛选出具有正交性质的因子和指标，并通过均衡配比组合，使得筛选出的实验组合能够覆盖所有因素组合从而确保其典型性和代表性。经过归纳分析，发现影响学习投入的因素有三个：调节定向、任务目标框架、情绪状态，正交实验因素水平表如表3－13所示。

表3－13　正交实验因素水平表

因素	水平		
	调节定向	任务目标框架	情绪状态
1	1 促进定向	1 积极	1 积极
2	2 防御定向	2 消极	2 中性
3			3 消极

2. 问卷设计与样本选择

我们尽量采用国内外已发表文献使用的成熟量表进行问卷设计以保证信度和效度。其中，大学生学习投入的测量量表是在NSSE量表和Schaufeli团队开发的UWES－S量表［工作投入量表（学生版）］的基础上进行的修订和完善的；大学生个体调节定向的测量，主要是参考了Higgins开发的调节定向问卷（Regulatory Focus Questionnaire，RFQ），并综合其他测量量表（如姚琦等2008年修订的“中文版调节定向问卷”）设计而成；而学习任务目标和情绪状态的测量量表，则是基于Madhavan等人（2012）以及高洁（2016）、Kahu等人（2013）的相关研究编制而成。经过预测试及调整和完善，正式问卷的内容包括：受访者的个人基本信息、大学生调节定向特质的调查、模拟艺术设计学习任务框架、情绪状态的调查以及学习投入程度的测量。量表均采用李克特五级量表，其中“1”表示完全不符合，“5”表示完全符合。

问卷发放的对象为南京财经大学艺术设计学院环境设计、视觉传达设计和动画3个专业共14个班级，以及苏州科技大学艺术学院视觉传达设计、数字媒体艺术、动画3个专业共10个班级的除大一新生之外的在校大学生。电子问卷在微信和QQ平台上共发放190份，剔除无效问卷后，有效问卷共170份，有效问卷率为89.5%。

3. 正交实验结果分析

（1）极差和方差分析

我们首先对本正交实验结果进行极差和方差分析（见表3-14）。其中，极差分析法（也称直观分析法），是指通过比较极差的大小以确定影响因素的主次。极差可作为评价因素显著性的参数，其大小表明该因素的水平改变对试验结果的影响程度；而方差分析则可以准确地确定各因素对大学生学习投入影响的大小以及其是否具有统计学意义。

表3-14 极差和方差分析表（主体间效应的检验，因变量：学习投入）

因素	调节定向	目标框架	情绪状态	方差来源	III类平方和	自由度	均方	F	显著性
k1	3.5100	3.7275	3.2000	模型	2089.810^a	5	417.962	974.751	0
k2	3.1525	2.9350	3.6300	调节定向	3.546	1	3.546	8.270	0.005
k3			2.8650	情绪状态	8.762	2	4.381	10.218	0
极差R	0.3575	0.7925	0.7650	目标框架	10.226	1	10.226	23.848	0
影响程度	目标框架＞情绪状态＞调节定向			误差	70.750	165	0.429		
最优方案	促进定向	积极框架	中性情绪	总计	2160.560	170			

注：R平方=0.967（调整后的R平方=0.966）。

从表3-14的分析结果可以看出，大学生的调节定向特质、艺术设计学习任务目标框架和情绪状态三个影响因素均具有显著的主效应，即均对大学生的学习投入程度产生显著影响，且这三个因素对大学生学习投入程度的影响大小依次为：学习任务目标框架＞情绪状态＞调节定向。同时，如表3-14所示，调节定向、任务目标框架和情绪状态分别在k1、k1和k2水平时为最佳，即在积极任务目标框架、中性情绪和促进定向这一组合下大学生的学习投入程度为最佳。而在大学生不同的调节定向特质以及情绪状态下，任务目标框架的影响性可以通过图 3 －8 和图 3 －9 得到直观的展示。

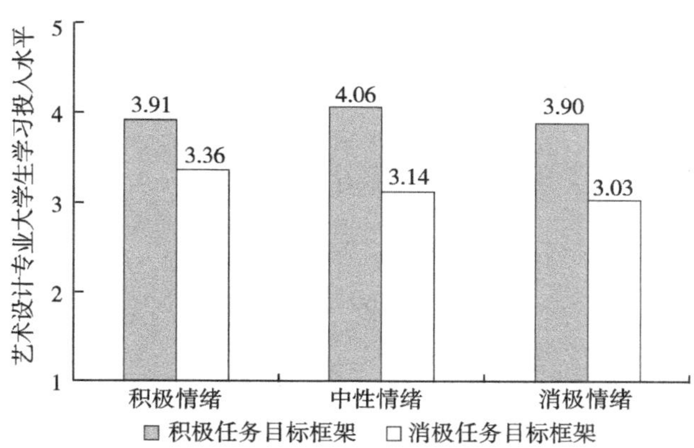

图 3 －8　促进定向下任务目标框架的调节作用

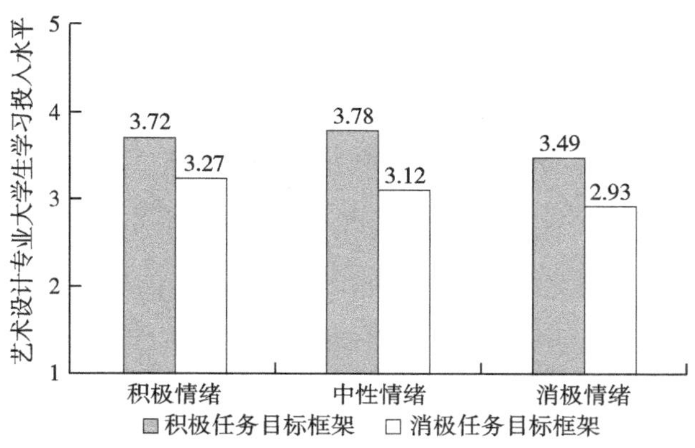

图 3 －9　防御定向下任务目标框架的调节作用

（2）成对比较分析

我们将上述三个影响因素分别与艺术设计专业大学生学习投入水平进行成对比较研究，以便得出不同因素的影响程度、均数差值大小及分组情况（见表 3 －15）。

表3-15　成对比较分析表（因变量：大学生学习投入程度）

影响因素（I/J）			平均值差值（I—J）	标准误差	显著性b	差值的95%置信区间b	
						下限值	上限值
调节定向	1 促进定向	2 防御定向	0.319*	0.111	0.005	0.100	0.538
	2 防御定向	1 促进定向	-0.319*	0.111	0.005	-0.538	-0.100
情绪状态	1 积极情绪	2 中性情绪	0.626*	0.141	0	0.348	0.903
		3 消极情绪	0.135	0.130	0.300	-0.121	0.391
	2 中性情绪	1 积极情绪	-0.626*	0.141	0	-0.903	-0.348
		3 消极情绪	-0.491*	0.149	0.001	-0.785	-0.196
	3 消极情绪	1 积极情绪	-0.135	0.130	0.300	-0.391	0.121
		2 中性情绪	0.491*	0.149	0.001	0.196	0.785
任务目标框架	1 积极框架	2 消极框架	0.587*	0.120	0	0.350	0.825
	2 消极框架	1 积极框架	-0.587*	0.120	0	-0.825	-0.350

注：*. 均值差的显著性水平为0.05。
b. 调节多重比较：最小显著差异法（相当于没有调节）。

由表3-15可以看出，在对艺术设计专业大学生学习投入程度的影响方面，促进定向与防御定向之间存在着显著的差异性（$P<0.05$）；中性情绪状态与积极、消极情绪状态之间存在显著的差异性（$P<0.05$），而积极情绪和消极情绪之间则不存在显著的差异性（$P=0.300>0.05$）；积极任务目标框架与消极任务目标框架之间也存在着显著的差异性（$P<0.05$）。也就是说，综合以上成对比较分析结果来看，处于积极任务目标框架、中性情绪和促进定向情况下的大学生学习投入度最佳（与前面极差分析的结果相一致）。

四、结论与启示

1. 精心设计积极学习任务目标框架，提升艺术设计专业大学生学习的行为投入度

长期以来，艺术设计专业的教师们比较习惯于通过学生能否完成某项设计任务来评价教学成效，而学生也习惯了以按部就班的方式将

完成作业与顺利通过考试（即消极的学习任务目标框架）作为自己学习任务目标达成的标志，但这一做法对提升大学生学习投入水平而言已在本研究中被证实是十分低效的。本正交实验结果表明，积极学习任务目标框架在各种调节定向和情绪状态下均能够显著地提升艺术设计专业大学生的学习投入水平。学习是一个“建构”的过程，积极的学生参与是良好课程设计与实施的基本保证，教学情境应该是能够为学生所理解和接受，并能激发学习兴趣和行为投入的。同时，高效的学习行为是由相对应的学习目标所驱动的。因此，艺术设计类课程的教学可以针对不同类型学生的特点，遵循艺术设计的相关原则设计教学方案，确保每一个具体的教学环节都能够与学生的学业抱负、能力提升、社会认同以及自我实现等积极的学习任务目标框架相关联，以提高学生的参与积极性，使得学生通过自主学习把新知识和已有知识结构紧密联系起来并在学习的过程中能够亲身体验到成就动机，从而提升艺术设计专业大学生学习的行为投入程度。

2. 适度调节大学生的情绪状态，提升艺术设计专业大学生学习的情感投入度

作为一种复杂且多维变化的心理活动，情绪具有鲜明的社会属性，并对个体的行为施加直接的同时又是潜移默化的影响。大学生虽然具有一定的自我情绪控制能力，但也具有较为明显的自我中心意识，因此，情绪对大学生学习行为的影响也是显而易见的，这在本研究中已被证实，特别地，在消极任务目标框架下，处在积极—中性—消极情绪状态中的艺术设计专业大学生的学习投入水平呈现出显著的逐级递减的态势（见图 3 -8 和图 3 -9）。而在本研究极差分析、方差分析以及成对比较分析中我们对情绪有了一些新的认识：处于积极任务目标框架、中性情绪和促进定向情况下的艺术设计专业大学生学习投入度最佳，即积极情绪和消极情绪之间不存在显著的差异性。这是因为情绪状态和学习状态之间并不能完全画上等号，积极的情绪状态如果不能用到学习上将会极大地削弱学习者的专注度，而消极的情绪状态一旦使得大学生看淡学习以外的琐事则有可能使其收心于学习。也就是说，情绪并无好坏之分，任何一种情绪都有其价值，同时，考虑到大学生外在表现出来的存在于学习行为当中的情绪往往是其伪装的，对于此我们很难真正去了解与把握，更谈不上控制，因此，需要当事人（学习者本人以及相关者）根据实际情况进行适度调节与干预，使情绪状态朝着提升学习投入度的方向“迁移”。

3. 持续培养大学生的自我效能感，提升艺术设计专业大学生学习的认知投入度

与追求严谨、客观、标准的理工类专业教学不同，艺术设计专业的教学目标应该是形成于学习过程之中的，与真实的设计任务和情境有关，很难事先设定标准答案。建构主义学习理论认为，学习是目标定向并基于认知的，因为个体只有清晰地意识到自己的目标，才有可能在学习上付出更多的努力，而付出努力的程度则要取决于他们对自身能力与目标达成之间匹配度的判断，于是，过去成功的经验或经历就显得尤其重要了（Bandura，2001）。而如图 3－8 和图 3－9 所示，处于防御定向状态下，特别是同时处于防御定向和消极情绪状态下的艺术设计专业大学生，其学习投入水平是普遍较低的，这与其个性特质密切相关：这类个体往往自我效能感偏低并表现出较为明显的趋利避害的行为偏好，对不利的信息和困难的情境持有排斥或逃避的态度，当遭遇挫折或失败时，往往归因于外部客观因素或者极力掩饰自己的错误以保持心理平衡进而减少付出甚至干脆放弃他们的努力。因此，应尽力提升艺术设计专业大学生对自己能够凭借自身能力去实现或达成某项学习目标的自信程度。为此，要尽可能为艺术设计专业大学生营造出自主学习的氛围，可采用如自我评价与奖惩、个性化学习目标设计、混合式学习课程设计、递进式项目驱动、情境模拟与知识转换等方法，培养大学生自我效能感的正向认知，提升其学习投入水平。

第四章

大学生认知/感知决策模式与学习投入的调节定向/匹配效应实验研究

第一节 研究问题的提出

自我调节定向是一种普遍的动机导向，它推动个体目标的实现或决策过程的实施。调节定向系统一般分为两类：一类是促进系统，用于调节一个人的理想和获得需求；另一类是防御系统，用于调节一个人的义务和安全需求。这些不同的调节定向系统帮助人们实现特定的目标。追求理想的人，比如拥有希望、愿望和抱负，表现出一种促进的定向特点；相反，义务和责任等应做事项则会引发防御定向，即渴望确保获得潜在收益，而警惕则确保避免潜在损失（Higgins，1998）。

在促进调节定向下，个体从对“理想”自我的希望和渴望的角度做出自我调节行为。Summerville 和 Roese（2008）将这一原则称为 RFT（Regulatory Focus Theory，调节定向理论）的“自我指导定义”，因为每个方向都会使用特定的内部标准来指导个人实现目标。当以促进/提升为中心时，个人的成长和进步需要会激发一种动机，使他们的实际自我与理想自我一致，即达到理想的最终状态。促进调节定向被用来引导个体行为向收益的积极状态和/或远离非收益的消极状态发展。个体追求成长、进步和成就的目标，他们使用渴望的策略或路径来实现获益状态或获益域的积极结果。在防御调节定向下，个人的行为以安全和责任为自我导向，履行“应该”的自我。当以防御为中心采取行动时，个人的安全、安全和责任需求会促使他们有动机将他们的实际自我与其“应该”的自我相匹配，即理想的最终状态（Bryant

和 Dunford，2008）。防御动机将行为从损失的消极状态引向非损失的积极状态。个体使用警惕的策略或路径来避免错误，从而尽力避免导致损失状态或损失域的结果。

在目标定向理论中，相关学者提出个体具有基于特质和情境的掌握或绩效目标定向（Remedios 和 Richardson，2013）。以掌握目标为导向的个人希望通过学习获得符合自我设定标准的新知识和技能，而以绩效目标为导向的个人则希望学会向他人展示自己的能力，给他人留下好印象，并从他人那里获得奖励。情境线索可能会导致个体从一个目标定向向另一个目标定向的转变。在早期对商学院本科生的研究中，Phillips 和 Gulley（1997）提出，掌握目标定向与自我效能感和一般能力呈正相关。其他早期研究人员以大学生为研究对象，发现掌握目标定向水平较高的个人“会采用更深入、自我调节的学习策略，具有更高的内在动机，表现更好，尤其是在面对挑战或挫折时”。然而，成就目标测量的元分析综述发现，掌握目标通常与学业成绩没有直接关系。Hulleman 等人（2010）将掌握和绩效目标分为四类：掌握方法、掌握回避、绩效方法和绩效目标。有些人倾向于学习或掌握目标，其中焦点是努力获得和发展技能，以提高他们目前执行任务的能力（掌握方法目标），或努力避免在获得或发展技能方面失败（掌握避免目标；补救措施）。在其他研究中，研究人员将绩效和掌握目标分解为绩效方法和绩效回避目标以及掌握方法和掌握回避目标，研究发现，掌握方法和绩效方法目标都与独特但积极的教育成果相关（Remedios 和 Richardson，2013）。以在线教育中的成人学习者为样本，相关学者发现，绩效方法目标导向与学业目标的实现有着积极的关系，如学生的课程作业和考试成绩，而掌握目标定向与学生的兴趣和享受呈正相关。成绩回避和掌握回避目标定向与课程作业和考试成绩呈负相关，只有掌握回避目标定向与坚持呈负相关。

综合第二章的“相关文献综述”的研究，发现人们的风险决策偏好与任务目标框架有关，获益/积极框架会诱发机会认知而导致冒险，损失/消极框架则易产生威胁认知而导致规避风险。理论上，心理决策模式对大学生学习投入决策影响深刻。一方面，大学生学习投入水平取决于其对学习的认知模式，即动机信念的强弱/正负；另一方面，大学生对于学习任务价值、学业期待以及学业回报的感知模式也决定了大学生的学习投入水平。因此，本研究将大学生学习投入的决策模式设计为认知决策模式（向学/厌学）和感知决策模式（感知利得/感知利失）两种。

随着研究者对调节定向理论研究的不断深入，越来越多的研究者将调节定向理论引入决策领域。综合相关文献，探讨调节定向对大学生学习投入决策偏好的影响机制，尤其是认知决策模式（向学/厌学）和感知决策模式（感知利得/感知利失）的相关理论研究较为丰富。那么，促进定向与防御定向对大学生个体学习投入的认知决策模式或感知决策模式的影响是否存在差异？哪些因素调节影响着这种差异？具有促进定向或防御定向的大学生个体在面对学习任务目标框架［获益（积极）/损失（消极）］时，其学习投入的认知决策模式（向学/厌学）和/或感知决策模式（感知利得/感知利失）是否存在显著性差异，并发生调节定向/匹配效应？大学生个体的调节定向特质是否会与其学习投入决策模式以交互作用的方式影响其学习投入水平，并产生调节匹配效应（主效应，Main Effect)？

结合以往研究的综述，本研究从认知/感知的视角出发，尝试将调节定向理论引入大学生学习投入决策领域，综合运用问卷调查方法与实验研究方法探讨调节定向及相关因素对大学生学习投入决策的影响，即深入研究学习决策过程中的调节定向效应及其影响因素。具体而言，本章研究包括四个实验：实验一和实验二采用问卷法测量大学生调节定向特质，探讨调节定向对大学生学习投入（认知/感知）决策的影响，考察是否会发生调节定向效应；在实验一和实验二的基础上，实验三和实验四分别引入认知决策模式（向学/厌学）以及感知决策模式（感知利得/感知利失）两大情景变量，探讨它们与调节定向对大学生学习投入产生的交互影响性，并考察调节定向效应的影响因素。对大学生学习投入决策过程中调节定向效应的研究，不仅有助于丰富有关调节定向理论的实证研究内容，拓展该理论的应用范围，也有助于完善关于学习决策偏好理论的实证研究，在一定程度上揭示认知/感知决策模式潜在的动机机制，进而对人们了解和把握大学生学习投入决策的特点有所启示和帮助。

第二节　实验一：调节定向对大学生认知决策模式的影响

一、相关文献综述

如前文所述，促进性调节定向一般指向理想目标，关注的是个体的成长、期望和抱负，它在追求目标时偏好使用渴望—接近的策略，对积极结果的存在比较敏感；防御性调节定向则指向应该目标，关注的是个体的安全、责任和义务，它在追求目标时偏好使用警惕—回避的策略，对消极结果的存在比较敏感。调节定向影响个体的决策及偏差，因此，调节性定向效应的相关研究主要关注人们在日常生活中的行为决策，对调节性匹配在大众消费行为选择、健康行为以及信息说服等社会、经济领域所产生的影响及其作用机制都进行了广泛而有益的探讨（Trudel 等，2012；Tumasjan 和 Braun，2012；Li 等，2011；熊素红，2011）。

在学习领域，Rodriguez（2011）应用调节定向理论和一个新的知识可及性框架研究促进调节定向目标（即个人的希望和愿望）和防御调节定向目标（即职责和责任）的强度如何能够预测个人学习过程中知识的可及性。研究发现，强烈的促进调节定向目标将激活个体知识表征，表现为获得/不获得可能性的感知，而强有力的防御调节定向目标也将激活个体知识表征，表现为潜在非损失/损失的感知。特别地，对具有更强烈的促进理想目标的学习者来说，作为获得/不获得的潜力的知识表征比那些被定义为非损失/损失潜力的知识表征更容易获得。Des Marchais（1999）采用德尔菲研究收集了六位专家关于好问题——什么能够促进积极学习（向学）——的意见，他一共鉴定了九个属性，好问题的特征应该包括：激发思考、分析和推理；确保自主学习；能够使用先前的知识；在现实的环境中设定；引导制订适当的学习目标；激发好奇心；包括与公共卫生相关的主题（这项研究是在医学背景下进行的）；确保语境的广度；选择适当的词汇。其中，问题刺激思考、分析和推理以及确保自主学习被专家们认为是最重要的两个属性。

向学/厌学是学生对学习能否满足自身需要而产生的一种情绪体验以及认知决策模式。向学是指大学生积极参与学习活动的意识和行为，例如，主动发展、充分锻炼、个性生长和共同成长等，都是大学生向学的典型表现。厌学是指学生厌倦学习的心理现象，是学生对学习生活不能满足自身需要而产生的一种不满意、不愉快、厌烦的情绪体验，厌学是学生学习情绪动力缺失的典型表现，消极的不良情感是影响其认知活动的重要因素，并造成学生在行为上远离学习活动。因此，当学生在思想和行为上积极主动地参与学习活动时，表现为“向学”；当学生在思想和行为上消极被动地应付学习活动时，表现为“厌学”。学校教育的目的就是让学生远离厌学心理和厌学行为，培养学生的向学性，把潜藏在学生身上的无限自我生长的力量激发，让他们健康成长（孙冬梅和柳芸芸，2017）。

综上，相关学者们未能有效地将调节定向理论与大学生认知决策模式中向学/厌学两大领域结合起来，深入探讨决策过程中的调节定向效应。鉴于此，本研究基于认知的视角，将调节定向理论引入大学生认知决策领域的研究中，系统深入地探讨调节定向对大学生认知决策的影响。具体地说，本研究以在校大学生为被试对象，基于向学/厌学的认知决策研究范式，采用问卷调查法控制大学生调节定向特质，考察两种调节定向的大学生个体在学习投入决策过程中偏好的差异。研究的主要假设是大学生个体学习投入决策者的调节定向影响其决策偏好，促进定向的被试偏好选择向学认知决策，防御定向的被试偏好厌学认知决策。

二、研究过程

（一）实验被试的安排

2019 年 7—8 月，以南京财经大学暑期留校复习考研的学生（可以增强大学生学习投入调查的针对性）、参加暑期社会实践的学生（可以丰富被试样本的年级层次）以及南京财经大学举办的江苏省研究生“高级微观计量分析”暑期学校的部分学员（可以扩大被试样本的所在高校范围并提升年级层次）为被试样本的总体，邀请样本中的本科生和研究生共 116 名参加本次实验，其中剔除 19 个由于未按规定答题、漏答等产生的无效数据样本，其余 97 名被试中男生有 43 名，女生 54 名，平均年龄 21.31 岁（SD = 1.06）。所有被试均从未参加过类似的实验测试，且不了解本次实验的目的。所有被试均自愿参与实验，实验结束后每名被试都得到一份小礼物作为回报。

（二）实验程序的安排

采用单因素（调节定向：促进定向/防御定向）被试间实验设计。

本实验中自变量为调节定向。研究采用姚琦等（2008）修订的“调节定向测量问卷（中文版）”（详见附录 1）。所设计的问卷采用李克特五级量表，通过测量个体促进成功和防御成功的主观调节经验，即过去在实现理想型目标与应该型目标过程中成功的频率来测量个体在一般动机定向上的差异。例如，“你曾经完成一些事情，这些事情的成功会让你更加努力吗?”，即促进定向；“你经常遵守你父母定下的规矩吗?”，即防御定向。修订后的调节定向测量问卷包括十个项目，其中，促进定向测量包含六个项目，防御定向测量包含四个项目，经检验的 Cronbach's α 值分别为 0.66 和 0.61。为了得到个体特质性的主导调节定向类别，一般都是用被试在促进定向维度上的平均分减去防御定向维度上的平均分，并以中位数进行二分（Higgins 等，2001），最终得到促进定向组和防御定向组的被试人数分别为 51 人和 46 人。

本实验中因变量则是不同实验条件下选择“向学”选项或“厌学”选项（认知决策模式）的人数比例。关于大学生向学/厌学倾向的测量，理论界主要从“厌学”的角度进行研究。综合起来，厌学是由内部原因和外部原因综合造成，外部原因包括学校的专业课程设置、教师的教学质量和教学技巧等教学因素，以及校园生活融入度、大学精神的失落、不和谐的学习氛围等环境因素；内部因素主要包括学习动机不足、缺乏学习目标、学习投机心理、学习倦怠等。于是，本项实验围绕上述厌学的内部原因和外部原因进行大学生向学/厌学倾向测量问卷的设计（见附录 1）。

实验采用问卷纸笔测验的形式进行，问卷内容包括调节定向测量问卷与大学生向学/厌学倾向测量问卷两部分。具体实施步骤如下：第一步，要求被试先用 1 分钟左右的时间审视自己近期的学习状态，然后基于自己的感觉填答相关问卷的题项，完成对大学生向学/厌学倾向的测量；第二步，基于问卷的数据结果，筛选出促进定向和防御定向被试，完成调节定向测量问卷。为了避免时间压力效应，不对被试完成实验的时间设限，所有被试均可以以自己认为的适宜速度进行阅读和反应。实验采用小组形式施测，完成后送给被试小礼物作为酬谢，并向被试简要说明实验的目的。

三、研究结果

（一）调节定向测量问卷的信效度检验

实验采用分半系数和 Cronbach's α 系数作为问卷的信度指标，对本研究所选择样本调节定向测量问卷的信度和效度做进一步检验。计算结果表明，调节定向测量问卷中的促进定向、防御定向两部分问卷的分半系数分别为 0.781 和 0.775，而 Cronbach's α 系数分别为 0.744 和 0.727，符合心理测量学关于信度的相关要求。因此，本调节定向测量问卷具有较高的信度水平（见表 4 -1）。

表 4 -1 调节定向测量问卷的信度和效度检验结果

测量变量	条目	分半系数	Cronbach's α 系数
促进定向	6	0.781	0.744
防御定向	4	0.775	0.727

为了进一步检验调节定向测量问卷是否具有良好的结构效度，本研究采用统计软件包对该量表进行验证性因素分析。验证性因素分析过程采用极大似然估计，并选取 χ^2/df、RMSEA、NFI、TLI、CFI、IFI、GFI、AGFI 作为判断模型拟合度好坏的指标。整体理论研究模型相关拟合度指标的计算结果如表 4 -2 所示，可以看出本研究所构建的结构方程模型的拟合性、模型对问题结构分析的有效性以及模型参数估计的有效性均是“好”以上，表明调节定向测量问卷具有较好的结构效度。

表 4 -2 模型拟合指数计算结果

拟合评价指标	$\chi 2/df$	RMSEA	NFI	TLI	CFI	IFI	GFI	AGFI
判定标准	1 ~ 3	<0.1	>0.8	>0.9	>0.9	>0.9	>0.9	>0.8
测量模型适配值	1.871	0.073	0.830	0.922	0.936	0.926	0.941	0.857
模型评价结果	好	良好	好	良好	好	良好	良好	好

（二）调节定向对大学生学习认知决策模式（向学/厌学倾向）的影响

大学生学习认知决策情境中不同调节定向条件下被试向学/厌学倾向选择决策的人数百分比见表4－3。

表4－3 调节定向对大学生学习认知决策模式（向学/厌学倾向）影响的调查结果（%）

调节定向	向学倾向	厌学倾向
促进定向	72.5	27.5
防御定向	52.2	47.8

由表4－3可知，在大学生学习认知决策情境中，就向学倾向而言，72.5%的促进定向被试偏好向学倾向，52.2%的防御定向被试偏好向学倾向，对两种定向被试向学倾向人数的百分比进行 χ^2 检验，$\chi^2_{(1)} = 4.83$，$p < 0.05$，因此，促进定向和防御定向被试的向学倾向偏好存在显著的差异性，相对防御定向的被试，促进定向的被试更偏好向学倾向。就厌学倾向而言，相对于促进定向被试，防御定向被试更偏好厌学倾向。概言之，促进定向被试相对更偏好向学倾向，防御定向被试相对更偏好厌学倾向，见图4－1。

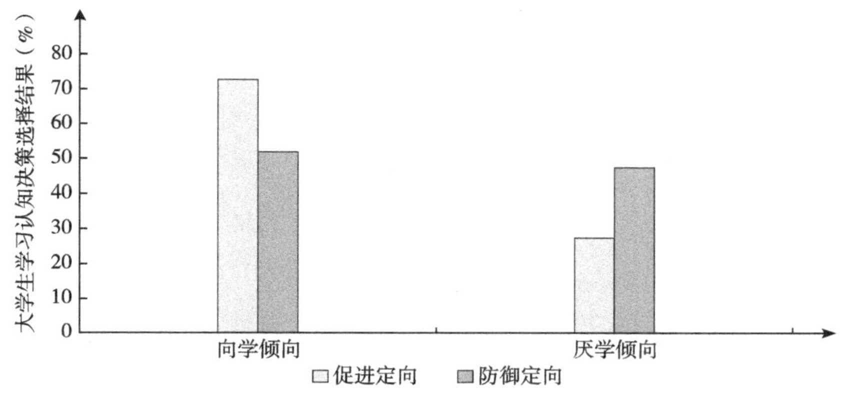

图4－1 调节定向对大学生学习认知决策模式（向学/厌学倾向）的影响

四、讨论与启示

本实验围绕大学生的调节定向特质展开研究，借助“调节定向测量问卷（中文版）”对其进行操控，并设计了大学生学习认知决策模式（向学/厌学倾向）的情景问卷材料，运用单因素实验探讨了调节定向对大学生学习认知决策偏好的影响。实验研究结果发现，具有不同调节定向特质的个体在学习认知决策偏好上存在显著的差异性：促进定向的个体相对更偏好向学倾向，防御定向的个体相对更偏好厌学倾向。

本实验研究结果对于高校针对不同大学生群体的教育教学管理具有重要的指导意义。教育工作者应鼓励大学生培养良好的学习心态，引导他们在学习生活中形成积极有效的应对方式。在学业动机/学习认知决策方面，要引导大学生逐步建立成就促进型学业目标定向，避免形成防御保守型学业目标定向；在学习环境方面，高校应注重建设可以给大学生提供学习支持的环境，如舒适的学习环境和住宿环境，安全卫生的食堂环境以及积极向上的人文环境等。

综合成就目标理论以及调节定向理论，成就促进型学业目标定向者认为，学习能力是可控的和不稳定的，他们通过努力可以使自身的能力不断得到提升，于是，他们会在学习过程中表现得更加积极努力，从而表现出向学的认知决策偏好。防御保守型学业目标定向者则认为学习能力是稳定的、不可控的，学业成绩的下限是自己的努力程度，而上限则是由各自天生的学习能力所决定的，因而他们在学习活动中表现出畏惧挑战、保守求稳的倾向。前者为得到他人对自己能力的肯定，在学习活动中往往以追求优异的学习成绩为目的，从而积极努力地学习，其向学倾向也较明显；后者则为了避免他人对自身不利的能力评价，在学习活动中往往并不那么积极主动，甚至会尽可能地回避有挑战性的学业任务，从而表现出厌学的倾向性。

因此，高校可以通过提高校园环境支持度来有效提高学生的向学倾向。例如，建设更为舒适的学习环境与宿舍帮助学生更好地学习与生活；给学生提供更多的人文关怀；加强大学生学习指导与生涯规划指导；完善奖助学金评定系统，帮助学生解决经济问题；提升校园文化的品质等。此外，大学生专业认同度对大学生的学习行为及心理健康也有一定的影响，较高的专业认同度对培养大学生的专业学习兴趣及促进大学生的就业有积极作用。因此，院校方面和学生自身均应该关注专业兴趣的培养。一方面，大学教师在教授专业课程的同时，要注意培养大学生对所学专业的情感性认同，辅导员也要及时关注学生在学习方面的心理状况；另一方面，大学生可以通过多参加与专业有关的实践活动来培养自己的专业学习兴趣，而且还可以通过申请第二学位等钻研自己感兴趣的专业（徐远超、徐鑫，2017）。

第三节　实验二：调节定向对大学生感知决策模式的影响

一、相关文献综述

实验一探讨了调节定向特质对大学生学习认知决策模式（向学/厌学倾向）的影响效果，但大量研究的结果表明，影响人们决策偏好的因素既有认知方面的因素，也有任务本身因素，更有感知因素，这些因素不仅会以单独的方式，更以相互作用的方式影响个体的决策偏好。因此，本实验将围绕调节定向特质对大学生感知决策模式的影响展开研究。

Berkman 和 Hutcherson（2017）基于价值的自我控制模型，使用两条研究路线来支持感知价值作为一种自我控制机制而存在的观点。

首先，神经影像学的研究发现，个体腹内侧前额叶皮质与价值测量相关；其次，动态估值模型的实证结果表明，个人在当前做出决策时，会根据两个相互竞争的条件进行选择。Eccles（2009）指出，个体对成功的期望（即一个人认为其将在一项任务上做得多好）和感知价值（即任务对人来说有多重要）是与成就相关的选择最接近的预测因素。Eccles（2009）的期望价值模型包含四个感知任务值：成就价值（即行为对于我而言是重要或部分重要的）、内在价值（即行为有趣和令人愉快）、效用价值（即行为与我的未来相关）和努力成本（即这种行为需要多少努力和时间）。重要的是，这些感知到的价值与特定个体的行为相关，而不是与行为产生的目标相关。换言之，学生所感知到的学习的内在价值，是指其从阅读章节、复习问题和自省中获得的兴趣和乐趣，而并不是指其因学习而在考试中取得好成绩而获得的兴趣或享受。

研究发现，与对成功的期望相关的感知价值，尤其是成就价值、内在价值和效用价值，与个体决策密切相关，例如课程选择和职业选择。例如，效用价值对数学和科学课成绩和动机的影响就存在着因果关系（Canning 等，2015）。Galla 等（2018）的研究发现，内在价值和效用价值都能预测不同年龄段学生对于自我报告学业的自我控制状态，而内在价值是两个预测因子中最强的一个。一方面，通过将价值观的多样性引入学生自我控制的研究中，相关研究结果可以回答这样一个问题：即什么类型的感知价值观对学生自我控制决策是重要的？另一方面，这四种感知价值是通过自我报告来衡量的，这样就更容易确定感知价值是否是未来身份和自我控制之间的中介。

综上，本研究基于感知价值的视角，将调节定向理论引入大学生感知决策领域的研究中，系统深入地探讨调节定向对大学生学习感知决策的影响。具体地说，本研究以在校大学生为被试对象，基于感知利得/感知利失的感知决策研究范式，采用问卷调查法操纵大学生调节定向特质，考察两种调节定向的大学生个体在学习投入决策过程中感知决策偏好的差异。研究的主要假设是大学生个体学习投入决策者的调节定向影响其感知决策偏好，促进定向的被试偏好感知利得的感知决策，防御定向的被试偏好感知利失的感知决策。

二、研究过程

（一）实验被试的安排

2019 年 7—8 月，以南京财经大学暑期留校复习考研的学生（可以增强大学生学习投入调查的针对性）、参加暑期社会实践的学生（可以丰富被试样本的年级层次）以及南京财经大学举办的江苏省研究生“高级微观计量分析”暑期学校的部分学员（可以扩大被试样本的所在高校范围并提升年级层次）为被试样本的总体，邀请样本中的本科生和研究生共 116 名参加本次实验，其中剔除 19 个由于未按规定答题、漏答等产生的无效数据样本，其余 97 名被试中男生 43 名，女生 54 名，平均年龄 21. 31 岁（SD = 1. 06）。所有被试均从未参加过类似的实验测试，且不了解本次实验的目的。所有被试均自愿参与实验，实验结束后每名被试都得到一份小礼物作为回报。

（二）实验程序的安排

采用单因素（调节定向：促进定向/防御定向）被试间实验设计。

本实验中自变量为调节定向。与实验一相同，此项测试最终得到促进定向组和防御定向组的被试人数分别为 51 人和 46 人。

本实验中因变量则是不同实验条件下选择“感知利得”选项或“感知利失”选项（感知决策模式）的人数比例。关于大学生感知利得/感知利失倾向的测量，Kahu（2013）指出，大学生对于学习任务价值、学业期待以及学业回报的感知模式决定了大学生的学习投入水平。于是，本项实验设计了大学生感知利得/感知利失倾向测量问卷（见附录1）。

实验二采用问卷纸笔测验的形式进行，问卷材料内容包括调节定向测量问卷与大学生感知利得/感知利失倾向测量问卷两部分。具体实施步骤如下：第一步，要求被试先用1分钟左右的时间审视自己近期的学习状态，然后基于自己的感觉填答相关问卷的题项，完成对大学生感知利得/感知利失倾向的测量；第二步，基于问卷的数据结果，筛选出促进定向和防御定向被试，完成调节定向测量问卷。为了避免时间压力效应，不对被试完成实验的时间设限，所有被试均可以以自己认为的适宜速度进行阅读和反应。实验采用小组形式施测，完成后送给被试小礼物作为酬谢，并向被试简要说明实验的目的。

三、研究结果

（一）调节定向问卷的信效度检验

检验结果同实验一。

（二）调节定向对大学生学习感知决策模式（感知利得/感知利失倾向）的影响

大学生学习感知决策情境中不同调节定向条件下被试感知利得/感知利失倾向选择决策的人数百分比见表4-4。

表4-4 调节定向对大学生学习感知决策模式（感知利得/感知利失倾向）影响调查结果（%）

调节定向	感知利得	感知利失
促进定向	74.2	25.8
防御定向	54.6	45.4

由表4-4可知，在大学生学习感知决策情境中，就感知利得倾向

而言，74.2%的促进定向被试偏好感知利得倾向的感知决策，54.6%防御定向的被试偏好感知利得倾向的感知决策，对两种定向被试感知利得倾向人数的百分比进行 χ^2 检验，$\chi^2_{(1)}=4.87$，$p<0.05$，因此，促进定向和防御定向被试的感知利得倾向偏好存在显著的差异性，相对防御定向的被试，促进定向的被试更偏好感知利得倾向的感知决策；而就感知利失倾向而言，相对于促进定向被试，防御定向被试更偏好感知利失倾向的感知决策。概言之，促进定向被试相对更偏好感知利得倾向，防御定向被试相对更偏好感知利失倾向，见图4-2。

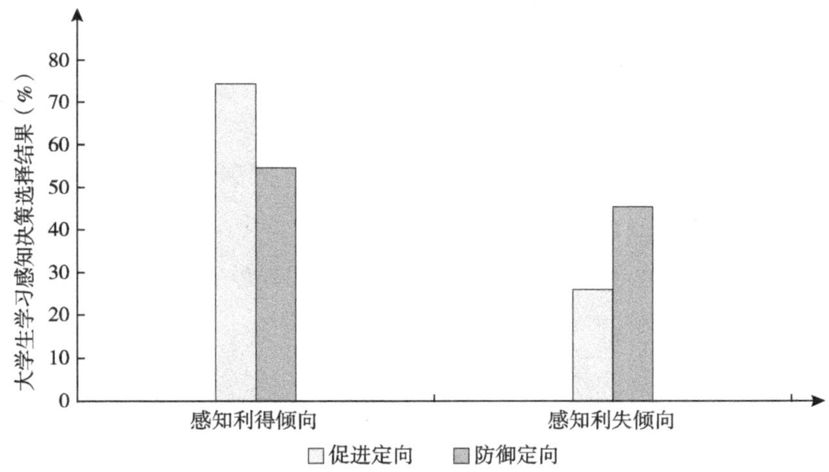

图4-2　调节定向对大学生学习感知决策模式（感知利得/感知利失倾向）的影响

四、讨论与启示

实验二继续围绕大学生的调节定向特质展开研究，借助“调节定向测量问卷（中文版）”对其进行操控，并设计了大学生学习感知决策模式（感知利得/感知利失倾向）的情景问卷材料，运用单因素实验探讨了调节定向对大学生学习感知决策偏好的影响。实验研究结果表明，大学生个体调节定向特质在其学习感知决策偏好上存在显著的差异性：促进定向的个体相对更偏好感知利得倾向，防御定向的个体相对更偏好感知利失倾向。

同样，本实验研究结果对于高校针对不同大学生群体的教育教学管理具有重要的指导意义，即教育工作者应鼓励大学生们培养良好的学习心态，引导他们在学习生活中形成积极有效的应对方式。

首先，要关注大学生的社会文化背景、家庭经济状况和父母受教育情况等，因为过去的研究发现，与社会经济背景较好的学生相比，社会经济背景较差的学生更容易受到防御定向的激励（这在概念上类似于不得不促进激励），进而在学习感知决策方面偏好感知利失倾向。由于过去的经历、文化、性格和其他因素，不同的人对未来有着不同的信念，而这些信念可能会在很长一段时间内，在特定的发展时期，或者通过更强烈的实验操作发生改变。总的来说，感知决策的障碍或信念缺乏造成了个体难以对自我控制、感知价值和态度施加影响，并导致参与者在学习过程中产生额外的情绪（语气、积极或消极情绪等）、不同的时间状态（如过去、现在等）或更多的潜在行为动机（如家人、朋友、金钱等）。

其次，要厘清大学生欲望、动机、情绪、成就和目标追求之间的关系。实验二的研究结果表明，促进定向的大学生相对更偏好使用与“获得”相关的词汇，防御定向的大学生相对更偏好使用与“失去”相关的词汇。情感词，无论是积极的还是消极的，其使用量的增加预示着个体在学习感知决策方面表现得更为积极，感知利失的倾向也更低。也就是说，可以通过增加大学生在学习中使用的情绪性词汇来优化其学习表现和减少感知利失。处于“促进定向”状态的学生学习态度更积极，因为他们会选择他们感兴趣或认同的东西（选项）。大学生增加对长期学习目标的热情、兴趣和认同感有可能减少感知到的利失，并根据过去的经验促进学习目标实现。应帮助大学生关注他们追求学习目标的动因，以减少在追求目标过程中感知到的困难，从而提高学业成绩。

此外，环境因素可以调节动机和自我控制之间的关系，需要更好地测量大学生自我控制和可能驱动自我控制过程的关键机制（即感知任务价值），以了解自我控制是什么、如何发生以及何时发生。如果没有对自我控制的具体理解，就不可能将微观（即日常学习行为）与宏观（学习计划、政策等）联系起来，因为很难制订出以自我控制等过程为目标的学习计划和干预措施，也很难知道这些计划和干预措施应处于的边界条件是否实现。

第三，要尽量突出学习任务价值的重要性。正如社会认知理论和期望价值理论所主张的那样，当学习任务被认为是有价值的时候，学习者倾向于在产生行动上花费更多的努力，也就是说，当学习者认为课程内容重要并对课程内容感兴趣时，他们就会努力从事学习活动。任务价值观念对知觉性学习的直接影响表明，学习者对课程材料价值的信念有助于其获得新的技能，如分析、综合、批判性思维以及理解网络课程中的主要概念。从理论上讲，价值观念通过学习者认为任务有价值时所付出的努力影响任务的结果，因为学习者更有可能为成功付出努力。考虑到任务价值对学习满意度的直接影响以及以往研究的结果，可以认为学习者对课程材料的重要性的感知影响了他们对学习经验的满意度，并且影响了他们选择未来相关课程的感知决策。

第四节　实验三：调节定向与认知决策模式对大学生学习投入的调节匹配效应

一、相关文献综述

前两节，我们通过两个实验检验了促进定向和防御定向在学习过程中使大学生的认知/感知决策偏好存在差异，初步验证了：促进定向的个体与防御定向的个体在大学生学习决策过程中，尤其是认知/感知决策上存在着不同的偏好特征。那么，当不同调节定向的个体运用其各自所偏好的行为/决策方式（或策略）去行动时，会出现什么结果呢？对个体的影响又如何？Higgins（2000）针对这类现象提出了调节匹配理论，即当不同调节定向的个体分别使用各自偏好的行为/决策方式（或策略）时，便可能达成调节匹配。

调节参与理论（Regulatory Engagement Theory，RET）为个体在目标追求过程中价值的创造提供了相应解释。价值是一种具有方向（例如吸引或排斥）和强度（例如弱或强）的动机体验，这是一个特别的因素，是可以有助于激发强烈动机的接触性力量（Higgins，2006）。“参与”被定义为完全投入或全神贯注于一项活动的状态。因为参与与强度有关，而不是动机的方向，人们可以强烈地参与愉快或不愉快的目标追求。其中一个重要的因素即调节匹配，有助于提升参与体验，并最终创造价值。

根据调节匹配理论，与调节不匹配的情况相比，调节匹配增加了个体对某项活动的参与程度。当一个人的动机取向、信念或目标以及在追求目标匹配过程中使用的策略，与不匹配的情况相比，导致更大的参与力时，就会发生调节匹配。参与的力量以多种方式被编入“行动索引”，包括在任务中的表现和坚持等。例如，有研究发现，健康状态的个体在“文字迷宫”任务中表现得更好。根据他们完成任务时施加的手臂压力来衡量，他们坚持的时间更长，做的努力也更多。调节匹配可以使人们在说服和决策环境下以及在道德领域对自己的选择或评价“感觉正确”（Cesario 和 Higgins，2008）。

调节匹配不同于其他视角，例如人与环境的匹配，这主要是在组织环境中调查员工和他们的组织之间的相互作用。然而，规则性约定理论直接将约定与匹配联系起来，而人格环境匹配则不然。调节匹配维持而不是扰乱人们的动机取向。注重晋升（关注养成和成就）的人更喜欢积极的策略。以防御为重点（关注安全和保障）的人更喜欢警惕/消极的策略。参与者完成一项任务时，选取渴望的方式可能会促使以晋升为导向的人表现得更好，选择警惕的方式可能会使以防御为导向的人表现得更好。同样，当想象的结果与他们的调节定向相一致时，那些想象存在或不存在积极或消极结果的人可以体验到匹配。

尽管关于调节匹配有相当多的研究证明了其在各种情况下的适用性，但是关于适合在教育环境中应用的研究却很少。然而，许多与教育教学相关的问题仍然没有得到解答：在学习环境中，特别是在学业成就方面，调节匹配的作用是什么？了解调节匹配在这些环境中的作用，可以更好地理解如何提高学生的学习投入度。

Rodriguez 等人（2011）的研究工作探索了数学学习中的调节匹配效应。相关研究调查了调节匹配是否适用于人们的文化信仰（例如关于自我相互依赖的信仰）。研究者假设，当学生对学习数学的好处的看法与学习任务框架一致时，他们会更加专注于数学的学习任务中。研究发现，对于高度相互依赖的个体——那些认为自己与他人相互交织、相互关联的人——而言，当任务前强调数学对社会的好处，而不是强调数学对个体自身的好处时，他们在数学任务中的表现就会更好。这是因为，高度相互依赖的人认为自己与他人根本上是相互交织和相互联系的，当任务与他人相关而不是与个人自我相关时，他们更加专注于数学任务。

综上，我们提出如下假设：大学生个体的调节定向特质会与其学习投入认知决策模式以交互作用的方式影响其学习投入水平，并产生调节匹配效应（主效应，Main Effect）。具体而言，在大学生学习投入“向学倾向”的认知决策模式下，促进定向的个体更倾向于提高自己的学习投入度，防御定向的个体更倾向于降低自己的学习投入度；而在大学生学习投入“厌学倾向”的认知决策模式下，两种定向的个体间决策偏好无显著性差异且均偏好于降低自己的学习投入度。

二、研究过程

（一）实验被试的安排

2019年9月，以南京财经大学市场营销专业2017级的在校大学生（为本研究核心成员该学期的授课对象）为被试样本的总体，共86名大学生参加本次实验，其中剔除6个由于未按规定答题、漏答等产生的无效数据样本，其余80名被试中男生29名，女生51名，平均年龄20.21岁（SD=1.17）。所有被试均从未参加过类似的实验测试，且不了解本次实验的目的。所有被试均自愿参与实验，实验结束后每名被试都得到一份小礼物作为回报。

（二）实验程序的安排

采用2（调节定向：促进定向/防御定向）×2（学习投入认知决策模式：向学倾向/厌学倾向）的被试间实验设计，将被试分为4组，每组20人，分别参与不同的实验处理流程。因变量是不同实验条件下被试状态反应，即大学生学习投入的程度。

Higgins（1997）的研究发现，个体关于自己的希望和愿望的自我调节与促进定向目标的实现相联系，而关于自己的责任和义务的自我调节与防御定向目标的实现相联系，即报告希望/愿望与促进定向相联系，而报告责任/义务与防御定向相联系。因此，与实验一不同，本实验将调节定向看作一种暂时性的动机状态，即情境依赖性调节定向。也就是说，本实验采用回忆报告任务的方式启动和操纵被试的调节定向特质（见附录2）。

具体实验流程包括：一方面，要求被试回忆并写出现在及过去自己所拥有的最重要的希望和愿望来启动个体的促进定向；另一方面，要求被试回忆并写出现在及过去自己所拥有的最重要的职责和义务来启动个体的防御定向。为了检验调节定向这一变量操纵方式的有效性，我们采用 Pham 和 Avnet（2004）相关研究中所使用的操纵问卷加以验证，即在被试回忆自己理想与愿望或责任与义务之后，立即进行三项决策的测试，每项决策包含两个对立的选项（如，我更愿意做大家公认的正确的事情 VS 我更愿意做自己想做的事情）。在每一次决策中，较大数值对应促进定向，较小数值对应防御定向。

大学生学习投入认知决策模式（向学倾向/厌学倾向）的测量方式与实验一相同（见附录 1）。而大学生学习投入的程度（因变量）的测量，我们在 NSSE 量表和 Schaufeli 团队开发的 UWES - S 量表［工作投入量表（学生版，2002）］的基础上，分别从学习态度投入和学习行为投入两方面设计了大学生学习投入程度的测量题项（见附录 2）。

我们给被试发放纸质实验材料的小册子，小册子内容包括调节定向启动任务、学习投入认知决策模式问卷和大学生学习投入程度测量问卷。被试逐一阅读实验材料，并按材料中的说明进行选择和填答，具体包括以下步骤：

第一步，要求被试完成调节定向启动任务，即首先完成回忆任务，然后填写调节定向操纵效果的调查问卷；

第二步，要求被试完成学习投入认知决策模式问卷；

第三步，要求被试完成大学生学习投入程度测量问卷。

为避免因时间压力而产生不良结果，被试完成实验基本不设时间限制，被试可以以自己认为适宜的速度进行阅读和选择。实验后送给被试一份小礼物作为酬谢，并向被试简要说明本次实验的目的。

三、研究结果

（一）调节定向操纵效果的检验

由于调节定向作为自变量出现在本实验中，因此，在对研究假设进行验证前，我们需要对调节定向这一自变量的启动是否成功进行检验，而因变量则为被试在三个决策项目上总平均得分值，较大数值对应促进定向，较小数值对应防御定向，计算结果如表 4 – 5 所示。

表 4 – 5 调节定向操纵效果的检验

调节定向	M	SD	t	p
促进定向	5.11	0.76	4.11	0
防御定向	4.30	0.97		

表 4 – 5 中的独立样本 t 检验结果表明，在关于自己希望和愿望调节定向操纵条件下，被试在三个决策项目上得分的平均值显著高于关于自己的责任和义务调节定向操纵条件下的得分平均值 [$M_{促进定向}$ = 5.11，$M_{防御定向}$ = 4.30，t（78） = 4.11，$p < 0.001$]。所以，实验三对于自变量（调节定向）的操控结果与预期相符，是成功的且达到了实验控制的目的。

（二）调节定向与认知决策模式对大学生学习投入程度的影响

我们使用 SPSS 软件进行 2 × 2 的方差分析，考察被试的调节定向特质与认知决策模式对大学生学习投入程度这个因变量的影响。对剔除无效数据之后的有效数据进行分析整理，统计结果如表 4 – 6 所示。

表 4 – 6 调节定向操纵效果的检验

实验条件	向学倾向		厌学倾向	
	M	SD	M	SD
促进定向	4.22	1.57	3.81	1.39
防御定向	3.66	1.18	4.17	1.51

以调节定向和认知决策模式为自变量，以大学生学习投入程度得分为因变量对表4－6的数据进行完全随机的方差分析，结果表明（见表4－7）：调节定向的主效应并不显著，$F_{态度投入}$（1，76）＝2.74，$F_{行为投入}$（1，76）＝3.03，p＞0.05；在认知决策模式方面，其对大学生学习态度投入的主效应不显著，F（1，76）＝3.50，p＞0.05，但对大学生学习行为投入的主效应则较为显著，F（1，76）＝4.63，p＜0.05；在调节定向与认知决策模式的交互作用方面，主效应的显著性明显增强，$F_{态度投入}$（1，76）＝7.83，$F_{行为投入}$（1，76）＝9.52，p＜0.01。

表4－7　调节定向和认知决策模式对大学生学习投入程度影响的方差分析

变异来源	因变量	平方和	自由度	均方	F	Sig.
调节定向	大学生学习态度投入	5.37	1	5.37	2.74	0.186
	大学生学习行为投入	6.08	1	6.08	3.03	0.129
认知决策模式	大学生学习态度投入	6.74	1	6.74	3.50	0.092
	大学生学习行为投入	8.91	1	8.91	4.63*	0.037
调节定向×认知决策模式	大学生学习态度投入	13.66	1	13.66	7.83**	0.007
	大学生学习行为投入	15.44	1	15.44	9.52**	0.003
误差	大学生学习态度投入	46.91	76	2.23		
	大学生学习行为投入	51.03	76	2.40		

注：*** 表示 P＜0.001，** 表示 P＜0.01，* 表示 P＜0.05（双尾）。

综上所述，在大学生学习投入决策过程中出现了调节定向与认知决策模式间的匹配效应，即促进定向条件下的大学生更偏好向学的认知决策模式，防御定向条件下的大学生更偏好厌学的认知决策模式，而当两种调节定向下的大学生个体分别使用各自所偏好的认知决策模式进行学习投入的决策时，即达成调节匹配，相比较调节不匹配，这种匹配效应会使大学生对决策后所做选择给出更积极的评价（见图4－3和图4－4）。

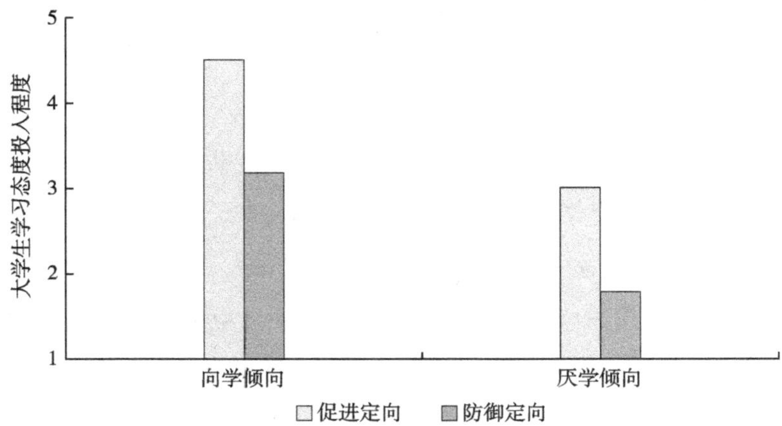

图4－3　调节定向与认知决策模式（向学/厌学倾向）
对大学生学习态度投入程度的影响

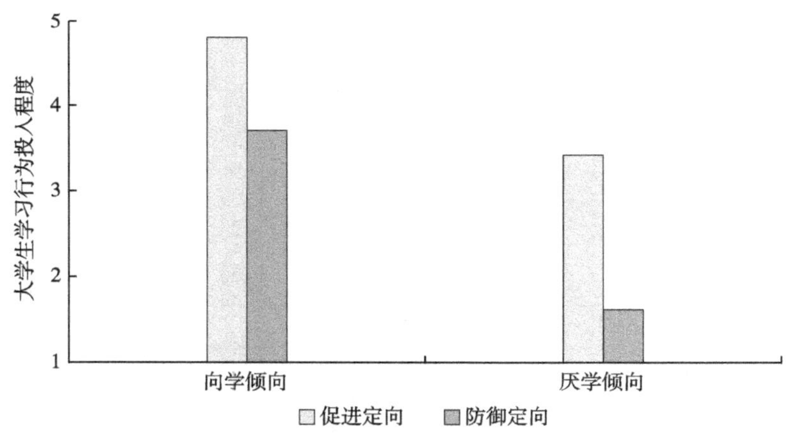

图4－4　调节定向与认知决策模式（向学/厌学倾向）
对大学生学习行为投入程度的影响

四、讨论与启示

实验三围绕大学生个体的调节定向特质与其学习投入认知决策模式以交互作用的方式对其学习投入水平产生的调节匹配效应（主效应，Main Effect）展开研究。实验研究发现，在大学生学习投入“向学倾向”的认知决策模式下，促进定向的个体更倾向于提高自己的学习投入度，防御定向的个体更倾向于降低自己的学习投入度，即调节匹配效应显著。

实验三通过描述影响大学生学习投入的一系列复杂因素，将心理因素和认知因素嵌入研究背景中，大学生个体认知体验的独特性变得更加清晰。由此可知，对提高大学生群体学习投入度进行深入研究的必要性是不言而喻的。为此，应构建一个包含社会文化背景、结构和心理社会影响、参与，以及近端和远端后果等因素在内的，以学生为中心的理论分析框架。这一框架很明显地应该包含大学生学习投入的三个维度——情感、认知和行为，其中，情感被认为是对主题的热情和对机构的归属感。然而，为了强调大学生学习投入不仅仅是一种内在的静态状态，这种个人体验嵌入社会文化背景中，并表现为受大学生和学校特征的影响。以这种方式设想参与的一个关键优势是，它承认个人的现实生活，而不是仅仅将学习投入降低到某种程度。同样，学习社区（学校）与学生的关系被认为是学习状况的关键，而感觉自己是学习社区的一员的认知状态也会积极影响大学生的学习投入度。可以理解的是，大学生的学习投入度可能会进一步提高，学生对自己的学习策略的关注度也会有所提高，以及这些因素对他们在大学的参与和成功的潜在影响也可能会提高。重要的是要认识到，学习投入并不是这些影响中的任何一个的结果，而是它们之间复杂的相互作用的结果。

大学生学习投入水平的提升涉及学业、学习和成就、社会、满足感和幸福感等诸多因素，因此，要进一步提高大学生自我效能感，因为只有学习者相信自己拥有足够的资源，才能提高学习参与度，进而形成更高的自我信念。同样，良好的人际关系可以培养大学生在学习方面的敬业度，进而促进良好的人际关系，而敬业度可以提高成绩，进而激励大学生更加投入。与此同时，大学内部的结构性影响，如课程设置和学业评价体系，对学生学习投入度有着较大的影响。例如，教学和学习因学科而异，通常在“软”学科（如人文学科）和“硬”学科（如自然科学和工程）之间有所区别，前者对知识的共识较少，后者在内容和方法上则更为一致，这些差异一般会体现在不同的学习方法上。学生学习投入的最终结果不仅包括更明显的学术收获，还包括长期的社会影响。将这些因素纳入其中，就可以认识到，学生的学习投入比单纯的内容学习对学生和社会的影响更深远。

本实验将大学生学习投入视为一种心理（认知）—社会（行为）的过程，受大学环境和个人心理因素的影响，并嵌入更广泛的社会背景中，将社会文化视角与个体心理和行为观点结合起来。因此，不仅要重视对学校控制范围内的相关要素的管理，确保对大学生学习体验有更丰富和更深入的理解，更要对大学生学习投入的所有可能的前因和后果保持高度的重视。如前文所述，我们需要将大学生学习投入理解为一个“动态的、非层级的认知网络”，其中的因素是不同的，但又是相互联系的。例如，学生如何回应老师热情的教学，取决于他们自己的期望、认知和个性。同样，学生的动机和期望也会影响他们之间的关系。我们对大学生学习投入及其影响因素的理解越清楚，就越能更好地满足学生的学习需求，增强学生的认知体验，从而提高学生向学倾向和教育教学效果。

第五节　实验四：调节定向与感知决策模式对大学生学习投入的调节匹配效应

一、相关文献综述

实验三验证了：促进定向的个体与防御定向的个体在大学生学习决策过程中，分别使用各自偏好的认知决策方式（向学/厌学倾向）

时，是可以达成调节匹配的。但在大学生学习决策过程中可使用的决策方式不仅仅体现在认知层面，对学习决策结果的反馈可用于诊断（即对自我评估有用的信息）、规范（即与他人的直接比较）和保证（即自我增强的保证）等目的，并受到个体性格、人口统计学、认知、动机、情感和背景等因素的影响，而这一切都将取决于个体感知到的成本和价值（Ashford 等，2016）。

成就情绪的控制价值理论（CVTAE）认为，学习和成就情境中将经历不同类型的情绪，以及影响这些情绪的情境和个人因素，并且，个体对特定任务或活动的主观评价及其在该活动中的自我评价可控性是实现相关情绪的关键预测因子。同时，高度的个人关联不仅与更强的积极情绪有关，而且如果发现任务在主观感知上是有价值的，那么消极情绪也应该相应加强。然而，活动感知价值对消极情绪的预测作用已经被实证证明是积极的（Bieg 等，2013）。

在高等教育背景下，感知价值和情感体验之间的关系发生在个体内部。在应用情境或个体内心研究方法的相关研究中，关于瞬间任务特定价值作为学生情绪前因的实证证据表明，履行学习任务期间的高价值感知与学生在学校环境中的积极和消极情绪有关。大学生成就目标的个体差异调节了他们的任务特定感知效用价值和学业情绪之间的关系。特别是任务特定效用价值与厌倦感之间的关系在学生之间存在显著差异：尽管效用值平均预测情境中较低的厌倦感，但在那些具有高掌握接近目标的学生中，这些结构实际上是不相关的。而且，感知价值并不总能减少情境中的无聊感，尤其是当学生以掌握为导向时（Tanaka 和 Murayama，2014）。

学习投入是一种多维结构，包括情感、认知和行为等，是影响大学生日常体验的因素之一。学习投入也被定义为一种积极的、有成就感的、与学习相关的精神状态，其特征是精力、奉献和专注。学习投入是指一种更持久、更普遍的情感状态，这种状态与学业成绩呈正相关，并且随着时间的推移可以相对稳定（Tuominen-Soini 和 Salmela-Aro，2014）。感知价值利得可以表现为各种长期的积极结果，如高等教育愿望、坚持教育途径、更好的工作机会、积极的自我认知和幸福感以及更少的抑郁症状。因此，即使在教育教学背景之外，感知价值利得也可能产生积极、深远的影响。此外，学习投入与学习动机和学习功能之间也存在着有意义的联系：投入的学生重视学习，成绩更好，学业退缩和工作回避水平则较低。

综上，我们提出如下假设：大学生个体的调节定向特质会与其学习投入感知决策模式以交互作用的方式影响其学习投入水平，并产生调节匹配效应（主效应，Main Effect）。具体而言，在大学生学习投入“感知价值利得”的感知决策模式下，促进定向的个体更倾向于提高自己的学习投入度，防御定向的个体更倾向于降低自己的学习投入度；而在大学生学习投入“感知价值利失”的感知决策模式下，两种定向的个体间决策偏好无显著性差异且均偏好降低自己的学习投入度。

二、研究过程

（一）实验被试的安排

同实验三。

（二）实验程序的安排

本实验采用2（调节定向：促进定向/防御定向）×2（学习投入感知决策模式：感知利得/感知利失）的被试间实验设计，将全体被试分为4组，每组20人，分别参与不同的实验处理流程。因变量是不同实验条件下被试的状态反应，即大学生学习投入的程度。

与实验三相同，本实验仍然采用回忆报告任务的方式启动和操纵被试的调节定向特质（见附录2）。大学生学习投入感知决策模式（感知利得/感知利失）的测量方式与实验一相同（测试材料见附录1）。在大学生学习投入程度（因变量）的测量方面，与实验三相同，我们仍然分别从学习态度投入和学习行为投入两方面设计了大学生学习投入程度的测量题项（见附录2）。

实验流程与实验三相同：我们给全体被试发放纸质实验材料的小册子，小册子的内容包括调节定向的启动任务、学习投入感知决策模式测试问卷和大学生学习投入程度的测量问卷。被试逐一阅读实验材料，并按材料中的说明进行选择和填答，具体包括以下步骤：

第一步，要求被试完成调节定向启动任务，即首先完成回忆任务，然后填写调节定向操纵效果的调查问卷；

第二步，要求被试完成学习投入感知决策模式问卷；

第三步，要求被试完成大学生学习投入程度测量问卷。

为避免因时间压力而产生不良的结果，被试完成实验基本不设时间限制，被试可以以自己认为的适宜速度进行阅读和选择。实验后送给被试一份小礼物作为酬谢，并向被试简要说明本次实验的目的。

三、研究结果

（一）调节定向操纵效果的检验

同实验三。

（二）调节定向与感知决策模式对大学生学习投入程度的影响

我们使用SPSS软件进行2×2的方差分析，考察被试的调节定向特质与感知决策模式对大学生学习投入程度这个因变量的影响。对剔除无效数据之后的有效数据进行分析整理，统计结果如表4－8所示。

表4-8　调节定向操纵效果的检验

实验条件	感知利得		感知利失	
	M	SD	M	SD
促进定向	4.30	2.04	3.73	1.22
防御定向	3.52	1.63	4.05	1.47

以调节定向和感知决策模式为自变量，以大学生学习投入程度得分为因变量对表4-8的数据进行完全随机的方差分析结果表明（见表4-9）：调节定向的主效应并不显著，$F_{态度投入}$（1，76）=2.93，$F_{行为投入}$（1，76）=3.41，p>0.05；在感知决策模式方面，其对大学生学习态度投入的主效应不显著，F（1，76）=3.91，p>0.05，但对大学生学习行为投入的主效应则较为显著，F（1，76）=4.88，p<0.05；在调节定向与感知决策模式的交互作用方面，主效应的显著性明显增强，$F_{态度投入}$（1，76）=8.52，$F_{行为投入}$（1，76）=10.74，p<0.01。

表4-9　调节定向和感知决策模式对大学生学习投入程度影响的方差分析

变异来源	因变量	平方和	自由度	均方	F	Sig.
调节定向	大学生学习态度投入	5.84	1	5.84	2.93	0.196
	大学生学习行为投入	6.62	1	6.62	3.41	0.110
感知决策模式	大学生学习态度投入	7.17	1	7.17	3.91	0.077
	大学生学习行为投入	9.55	1	9.55	4.88*	0.026
调节定向×感知决策模式	大学生学习态度投入	15.12	1	15.12	8.52**	0.005
	大学生学习行为投入	17.06	1	17.06	10.74**	0.003
误差	大学生学习态度投入	50.42	76	2.15		
	大学生学习行为投入	55.38	76	2.39		

注：*** 表示P<0.001，** 表示P<0.01，* 表示P<0.05（双尾）。

综上所述，在大学生学习投入决策过程中出现了调节定向与感知决策模式间的匹配效应，即促进定向条件下的大学生更偏好感知利得的感知决策模式，而防御定向条件下的大学生更偏好感知利失的感知决策模式，当两种调节定向下的大学生个体分别使用各自所偏好的感知决策模式进行学习投入的决策时，即达成调节匹配，相比较调节不匹配，这种匹配效应会使大学生对决策后所做选择给出更积极的评价（见图4－5和图4－6）。

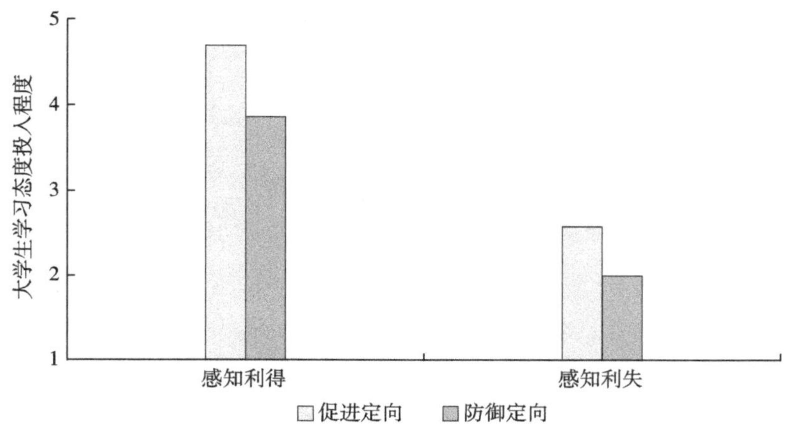

图4－5　调节定向与感知决策模式（感知利得/感知利失）对大学生学习态度投入程度的影响

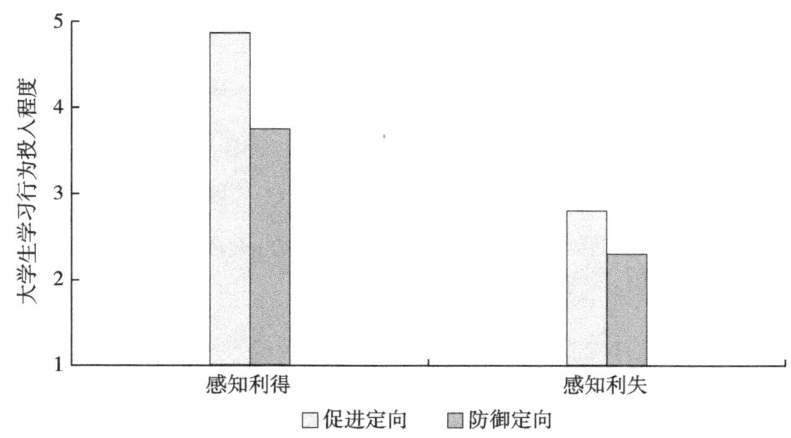

图4－6　调节定向与感知决策模式（感知利得/感知利失）对大学生学习行为投入程度的影响

四、讨论与启示

本实验探讨了大学生调节定向特质、感知决策模式与大学学习投入程度之间的动态互动关系，实验的发现为我们的假设提供了支持。研究发现，对特定学习任务价值更高的感知与个体（情境中）较高的学习积极性和较低的学习消极性显著相关，也就是说，学习活动的感知价值是高学习积极性的来源，尤其是当初始的学习投入水平很高时。实验四得到的调节匹配效应结果表明，如果动机被认为是外在的或受控制的，如工具重要性或强迫感，有价值的活动也可能导致负面情绪。一方面，高度投入的学生更可能将任务价值视为内在的（例如，阅读很重要，因为我喜欢学习新事物），因此，积极的学习状态得到强化；另一方面，学习投入度低的学生可能更容易将重要任务视为外部激励甚至压力（例如，阅读很重要，因为我需要通过考试）。因此，这些学生可能会经历较差的积极状态，甚至是焦虑，即使学习任务的价值是明确可感知的。我们认为，学习任务的感知价值对大学生的学习状态有着明显的激励作用。因此，教育工作者不应认为感知价值的增加与所有大学生的积极状态和消极状态有关，为了更全面地了解大学生的各种日常学习，高校应同时关注学生更普遍的特征以及情境因素。由于在大学开始时对学习的整体投入似乎会促进随后的积极体验，甚至第一学年之后，培养学生的总体学习投入度和在大学刚开始时的价值感知似乎是至关重要的。

虽然感知价值与大学生学习状态之间的关系可能会受到其他变量的影响，如个人的情绪、学习任务的难度等，但是本章研究并未将其包括在内。学生对自身能力和成功预期的附加评分，可能会在基于不同感知价值产生的学习状态反应之间产生潜在的差异性。此外，学习投入似乎确实对学生的日常经历有调节作用，而且这种影响甚至可能超出学业任务本身。这些局限性和建议将在本研究的第五章中进行阐述。

05

CHAPTER

第五章

任务目标框架与大学生学习投入的调节匹配效应

第一节　研究问题的提出

学习者对学习结果的期望可能会受到学习游戏框架的影响：一种被描述为学习工具而不是娱乐形式的活动。也就是说，当个体建构他们所处情境的意义时，就会产生一个认知框架来指导他们的实际行为。这一框架可以通过关注对象或决策的特定属性来影响个人的评价决策。框架，是指个体对客观事物和选择参照点后的相对得失进行比较感知，分为主观获益框架和主观损失框架，也称为积极/消极框架或正/负框架。需要指出的是，上述框架定义中针对的对象是客观事物或经济价值。

框架效应发生在对一个情况或决定的描述是负面的或正面的情境中。在学习情境中，如果框架是积极的，学生更有可能对一个属性或决定做出更积极的评价，而当框架为负时，则更为消极。框架效应已经在涉及决策和即时威胁评估以及更广泛的、与健康相关的决策的领域中得到了证明。因此，在框架和游戏的情况下，学生必须了解投入时间和精力是否会产生相等或正回报。Dufwenberg 等人（2011）证明了框架对涉及利益游戏决策的影响。他们的研究结果表明，对于教育学习游戏，如果老师指派学生参加游戏，学生别无选择，但强调教育游戏的学习或游戏属性可能会影响学生对他们希望享受教育游戏的程度做出的决定，框架可以影响各种任务、教学元素和游戏元素的显著性。因此，如果强调“学习”或“游戏”属性，框架可能会影响学生如何评价教育游戏。

一般地，创造性学习任务本身并不能影响个体创造性的学习表现。学习任务特征往往与创造性学习行为联系起来，包括休息、复杂性、挑战、智力刺激和任务标准化等。随着时间的推移，学习任务的组织似乎对创造性表现尤其有影响。当学习者同时执行不同的任务时，他们在发散性思维任务上会表现出更多的创造性表现，而不是按顺序进行。认知心理学、经济心理学和健康传播学文献研究了“框架效应”对个体风险决策的影响。这项研究发现，当决策的结果是以损失而不是收益来衡量时，个人更愿意以冒险的方式行事。因此，个人偏好“稳赚不赔”，但更愿意赌输（Kahneman 和 Tversky，1984）。当相似的结果被定义为收益与损失时，人们会对如何采取行动以及风险的大小做出不同的选择和判断。

框架效应在许多不同的背景下得到了应用，包括将奖金设定为收入增加与退税、参与调查跟踪的框架以及 HIV 检测的益处与未检测成本的框架等，并归因于自我效能（Van't Riet J.，2010）、情感（Seo 等，2010）、方法/回避的差异定向、行为激活倾向与行为抑制（Mann 等，2004）以及框架信息与个体积极或消极倾向之间的调节匹配（Cesario 等，2004）。特别是情绪影响对情境的评价，即“每一种情绪都会激活一种倾向，根据引发情绪的中心评价维度来评价未来事件”，并且，如果一项任务被设计成强调或弱化创造性可能带来的负面后果，那么它应该影响到个人对风险的感知以及个人在任务中表现出创造性行为的决定。

Simmons 和 Ren（2009）发现，任务目标框架对创造性表现（如学习）有显著影响，参与者在高风险条件下表现出更高的创造性表现，而目标回避定向调节了这一效应。因此，在高风险条件下，目标回避定向较低的个体表现得更好，而低危组间无差异。研究人员对框架的操作化似乎影响了执行的动机（因为它与参与者的参与结果相关），而不仅仅是任务特定的结果。研究讨论了前景理论和得失框架，但忽视了在高风险情况下损失框架对创作绩效的影响。由于只有高风险条件才是收益框架，因此不可能分离出收益框架和风险程度对参与者创新绩效的影响。因此，需要更多地研究框架对创造力的影响，以建立框架与创造力之间的关系。

Friedman 和 Förster（2001）证明了调节定向中收益促进相关目标和安全防御相关目标的动机与创造性表现之间的关系。相关研究中防御和促进定向的功能似乎与前景或框架效应文献中的得失框架信息的功能非常相似。调节定向和框架效应都涉及行动的积极结果或消极结果以及行动固有的风险。Friedman 和 Förster 将调节定向理论应用于创造性行为，使用相当简单的学习任务来衡量创造力，这些任务分离并允许直接评估个人的洞察力和新颖性等因素。研究发现，由于提升重点可能导致更高风险的行为，与风险更不利的防御重点相比，具有风险促进定向的个体可能更具创造性，而对于行动结果可能模棱两可的情况，个体更容易被“得失”框架下的信息所说服。因为考虑到参与创造性行为的结果的模糊性，相比于收益框架，当出现损失框架时，个体应该更愿意展示其创造性。此外，框架也与自我效能感有关。相关研究发现，当一项任务被定义为潜在收益时，一个人更有可能觉得其具有必要的能力来完成任务。或者，当任务被设定为可能导致损失时，个体的自我效能感就会降低。因此，可以预期，框架对创造性表现的部分影响将受到一个人在执行创造性任务时的自我效能感的影响。

随着目标框架效应相关理论研究的不断深入，越来越多的研究者将目标框架效应的相关理论引入决策领域。综合相关文献，探讨目标框架效应对大学生学习投入决策偏好相关影响机制的研究并不多，尤其是考虑到认知决策模式（向学/厌学）以及感知决策模式（利得/利失），以及将不同任务难度和不同情绪状态考虑在内的相关理论研究更是少之又少。那么，积极/消极任务目标框架下大学生个体学习投入的认知决策模式或感知决策模式是否存在差异？哪些因素调节并影响着这种差异？不同任务难度和不同情绪状态下大学生个体在面对不同学习任务目标框架［获益（积极）/损失（消极）］时，其学习投入的认知决策模式（向学/厌学）和/或感知决策模式（感知利得/感知利失）是否存在显著性差异，并发生调节定向/匹配效应？不同任务难度和不同情绪状态下学习任务目标框架是否会与大学生学习投入决策模式以交互作用的方式影响其学习投入水平，并产生调节匹配效应（主效应，Main Effect）？

通过对上述文献的梳理，本研究依然从认知/感知的视角出发，尝试将任务目标框架理论引入大学生学习投入决策领域，并将任务难度和情绪状态两大调节变量引入相关实验研究中，综合运用问卷调查方法与实验研究方法，探讨不同任务目标框架下，认知/感知决策模式、不同任务难度和不同情绪状态对大学生学习投入决策的影响。具体而言，本章研究包括六个实验：实验五和实验六分别引入认知决策模式（向学/厌学）以及感知决策模式（感知利得/感知利失）两大情景变量，采用问卷法测量并分析它们与学习任务目标框架（积极/消极框架）对大学生学习投入产生的交互影响，并考察学习任务目标框架效应的相关影响因素；实验七和实验八采用问卷法测量并分析不同任务难度（高/低）下，学习任务目标框架（积极/消极框架）分别与认知决策模式（向学/厌学）以及感知决策模式（感知利得/感知利失）对大学生学习投入产生的交互影响及其影响路径；实验九和实验十采用问卷法测量并分析不同情绪状态（积极/消极情绪）下，学习任务目标框架（积极/消极框架）分别与认知决策模式（向学/厌学）以及感知决策模式（感知利得/感知利失）对大学生学习投入产生的交互影响及其影响路径。

第二节　实验五：任务目标框架与认知决策模式对大学生学习投入的调节匹配效应

一、相关文献综述

第四章中的系列实验验证了不同调节定向的大学生在学习过程中的认知/感知决策偏好方面存在着差异性。那么，当面临不同学习任务目标框架的大学生个体运用其各自所偏好的行为/决策方式（或策略）去决定自己的学习投入水平时，会出现什么结果呢？对个体的影响又如何？Higgins（2000）针对这类现象提出了调节匹配理论。即当不同调节定向的个体分别使用各自偏好的行为/决策方式（或策略）时，便可能达成调节匹配，但这一假设需要在中国情境下得到进一步的验证。

在大学等教育教学场所，学生的学习投入行为不仅涉及洞察力和新颖性，还涉及实用性、效率和其他一些复杂因素。鉴于本项目之前的研究结果，即调节定向和认知决策模式会影响学生的学习投入行为，因此，通过提供与个人在学习结果衡量上的表现相关的线索，可以预期，当大学生收到相关的损失信息框架时，其表现会更好。虽然向学认知决策偏好可能仍会在收益框架下产生，但当学业成果与创造性学习任务相挂钩时，预计损失框架将更具说服力。

相关文献已经建立了自我效能感与创造性学习（向学认知决策偏好的集中表现）之间的关系（例如，Tierney 和 Farmer，2002），即当个体具有较高的创造性自我效能感时，他们有自信在学习中表现出更多的创造力。同时，特定任务目标框架下的自我效能感将对创造性学习表现产生类似于创造性自我效能的影响力，这是因为，任务目标框架是围绕着创造力提出的。

自我效能感是指个体认为其能够设计出一个创造性的、成功的解决方案来应对任务中所呈现的情景的程度。虽然直觉上看来，自我效能感的提高会导致风险认知的降低，但框架和自我效能之间的相互作用对风险感知的影响是未知的。一般地，收益框架会提高学习者的自我效能感，从而正向影响其学习投入行为。然而在一些文献中，似乎有一个悖论：损失框架和高自我效能都与学习创造力有关，但损失框架却与自我效能的降低有关。尽管自我效能感传统上与学业绩效呈正相关关系，但在本研究中，自我效能感与创造性绩效之间可能存在负相关关系。因为在某些情况下，自我效能感与学业表现之间的消极关系也被归因于一种过度自信，即个人对自己的良好学业表现能力如此自信，以至于某些学业准备活动可能被认为是不必要的。相反，自我效能感较低的个体可能会感受到学业压力，因此可能会获得更高的学业绩效。

“框架效应”一词是指一种强有力的“心理观察”，即当人们用不同的措辞时，往往会对逻辑上等价的问题做出不同的反应。例如，人们更倾向于以收益（例如，90%的生存机会）表示相关结果的选项，而不是以损失（例如，10%的死亡机会）表示相关结果的选项。框架效应违反了描述不变性的规范性原则，根据这一原则，同一问题的不同表述不应影响后续决策（Aczel等，2018）。因此，目标任务框架测试的是，当人们面临选择不参与的消极后果，还是参与的积极后果时，更可能做出何种选择。考虑到创造性学习任务的模糊性（即，个人不知道哪些具体的学业解决方案会被视为创造性的），那么当一项学业任务被设定为损失（从而缺乏对什么才是充满创造性的解决方案的关注）并且个人具有高的自我效能感时，其可能在感知风险的情况下还会这样做，因为个人相信其拥有成功应对风险所需的技能。然而，当一项学习任务被界定为损失，而个人的自我效能感较低时，其可能会认为该学业任务的风险更大，因为其对自己成功完成任务的能力缺乏信心。在收益框架下，自我效能感对风险的影响不会有所不同，因为收益框架应该使学业任务看起来更容易实现。

综上，我们提出如下假设：大学生个体所面对的不同的学习任务目标框架会与其学习投入认知决策模式以交互作用的方式影响其学习投入水平，并产生调节匹配效应（主效应，Main Effect）。具体而言，在面对学习任务目标收益框架下，“向学倾向”认知决策偏好的大学生个体更倾向于提高自己的学习投入度，“厌学倾向”认知决策偏好的大学生个体则更倾向于降低自己的学习投入度；而在学习任务目标损失框架下，两种认知决策模式倾向的大学生个体间决策偏好无显著性差异且均偏好提高自己的学习投入度。

二、研究过程

（一）实验被试的安排

2019 年 9 月，以南京财经大学市场营销专业 2017 级的在校大学生（为本研究核心成员该学期的授课对象）为被试样本的总体，共 86 名被试参加本次实验，其中剔除 6 个由于未按规定答题、漏答等产生的无效数据样本，其余 80 名被试中男生 29 名，女生 51 名，平均年龄 20.21 岁（SD = 1.17）。所有被试均从未参加过类似的实验测试，且不了解本次实验的目的。所有被试均自愿参与实验，实验结束后每名被试都得到一份小礼物作为回报。

（二）实验程序的安排

采用 2（学习任务目标框架：收益框架/损失框架）×2（学习投入认知决策模式：向学倾向/厌学倾向）的被试间实验设计，将被试分为 4 组，每组 20 人，分别参与不同的实验处理流程。因变量是不同实验条件下被试状态反应，即大学生学习投入的程度。“框架效应”诱发的是一种情感信息，是一种情感启发方式。因此，当信息框架关注的目标与个体的调节定向一致时，信息就更具有激励性和说服力。于是，本实验采用阅读实验设计材料的方式启动和操纵被试的学习任务目标框架（见附录3）。具体实验流程包括：一方面，要求被试阅读学习任务目标收益框架的测试材料来启动大学生个体的学习任务目标收益框架；另一方面，要求被试阅读学习任务目标损失框架的测试材料来启动大学生个体的学习任务目标损失框架。为了检验学习任务目标框架这一变量操纵方式的有效性，我们要求被试阅读完启动学习任务目标框架的测试材料后，立即进行三项决策的测试，每项决策包含两个对立的选项（见附录3）。在每一次决策中，较大数值对应收益框架，较小数值对应损失框架。大学生学习投入认知决策模式（向学倾向/厌学倾向）的测量方式与实验一相同（测试材料见附录1）。关于大学生学习投入程度（因变量）的测量，在NSSE量表和Schaufeli团队开发的UWES-S量表［工作投入量表（学生版，2002）］的基础上，分别从学习态度投入和学习行为投入两方面设计了大学生学习投入程度的测量题项（见附录2）。

我们给被试发放纸质实验材料的小册子，小册子内容包括学习任务目标框架的测试材料、学习投入认知决策模式问卷和大学生学习投入程度测量问卷。被试逐一阅读实验材料，并按材料中的说明进行选择和填答，具体包括以下步骤：第一步，要求被试完成学习任务目标框架的启动任务，然后填写学习任务目标框架操纵效果的调查问卷；第二步，要求被试完成学习投入认知决策模式问卷；第三步，要求被试完成大学生学习投入程度测量问卷。

为避免因时间压力而产生不良结果，被试完成实验基本不设时间限制，被试可以以自己认为的适宜速度进行阅读和选择。实验后送给被试一份小礼物作为酬谢，并向被试简要说明本次实验的目的。

三、研究结果

（一）学习任务目标框架操纵效果的检验

由于学习任务目标框架是作为自变量出现在本实验中的，因此，在对研究假设进行验证前，我们需要对学习任务目标框架这一自变量的启动是否成功进行检验，而因变量则为被试在三个决策项目上总平均得分值，较大数值对应收益框架，较小数值对应损失框架，计算结果如表 5 –1 所示。

表 5 –1　学习任务目标框架操纵效果的检验

学习任务目标框架	M	SD	t	p
收益框架	6.06	0.63	10.55	0
损失框架	4.27	0.86		

表 5 –1 中的独立样本 t 检验结果表明，在关于自己收益的学习任务目标框架操纵条件下，被试在三个决策项目上得分的平均值显著高于关于自己损失的学习任务目标框架操纵条件下的得分平均值［$M_{收益框架}=6.06$，$M_{损失框架}=4.27$，$t(78)=10.55$，$p<0.001$］。所以，本实验对于自变量（学习任务目标框架）的操控结果与预期相符，是成功的且达到了实验控制的目的。

（二）学习任务目标框架与认知决策模式对大学生学习投入程度的影响

使用 SPSS 软件进行 2×2 的方差分析，考察被试所面临的不同的学习任务目标框架与认知决策模式对大学生学习投入程度这个因变量的影响。对剔除无效数据之后的有效数据进行分析整理，统计结果如表 5 –2 所示。

表5－2　学习任务目标框架操纵效果的检验

实验条件	向学倾向		厌学倾向	
	M	SD	M	SD
收益框架	4.09	1.74	3.93	1.36
损失框架	3.47	1.31	4.10	1.60

以学习任务目标框架和认知决策模式为自变量，以大学生学习投入程度得分为因变量对表5－2的数据进行完全随机的单因素方差分析，结果表明（见表5－3）：学习任务目标框架的主效应并不显著，$F_{态度投入}(1, 76) = 2.97$，$F_{行为投入}(1, 76) = 3.48$，$p > 0.05$；在认知决策模式方面，其对大学生学习态度投入的主效应亦不显著，$F(1, 76) = 3.77$，$p > 0.05$，但对大学生学习行为投入的主效应则较为显著，$F(1, 76) = 5.44$，$p < 0.05$；在学习任务目标框架与认知决策模式的交互作用方面，主效应的显著性均明显增强，$F_{态度投入}(1, 76) = 8.11$，$F_{行为投入}(1, 76) = 9.88$，$p < 0.01$。

表5－3　学习任务目标框架和认知决策模式对大学生学习投入程度影响的方差分析

变异来源	因变量	平方和	自由度	均方	F	Sig.
学习任务目标框架	大学生学习态度投入	5.61	1	5.61	2.97	0.143
	大学生学习行为投入	6.62	1	6.62	3.48	0.089
认知决策模式	大学生学习态度投入	7.33	1	7.33	3.77	0.073
	大学生学习行为投入	10.22	1	10.22	5.44*	0.033
学习任务目标框架×认知决策模式	大学生学习态度投入	13.48	1	13.48	8.11**	0.005
	大学生学习行为投入	16.02	1	16.02	9.88**	0.003
误差	大学生学习态度投入	48.06	76	2.40		
	大学生学习行为投入	53.37	76	2.67		

注：*** 表示 $P < 0.001$，** 表示 $P < 0.01$，* 表示 $P < 0.05$（双尾）。

综上所述，在大学生学习投入决策过程中出现了不同的学习任务目标框架与认知决策模式间的匹配效应，即学习任务目标收益框架下的大学生更偏好向学的认知决策模式，学习任务目标损失框架下的大学生更偏好厌学的认知决策模式，而当两种不同的学习任务目标框架下的大学生个体分别使用各自所偏好的认知决策模式进行学习投入的决策时，即达成调节匹配，相比较调节不匹配，这种匹配效应会使大学生对决策后所做选择给出更积极的评价（见图5-1和图5-2）。

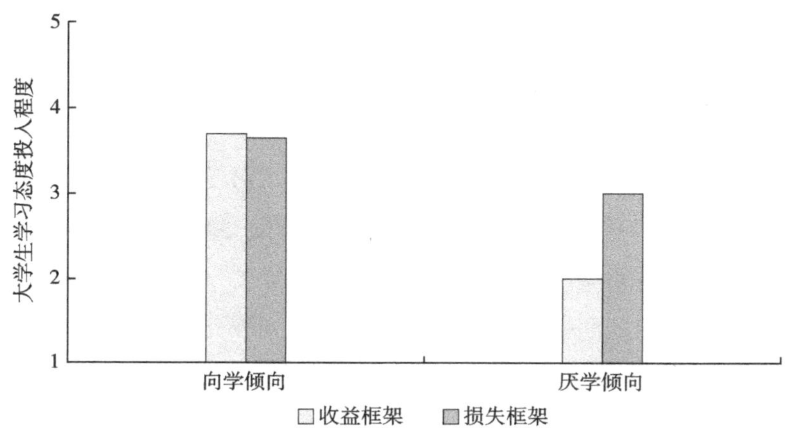

图5-1　任务目标框架与认知决策模式（向学/厌学倾向）对大学生学习态度投入的影响

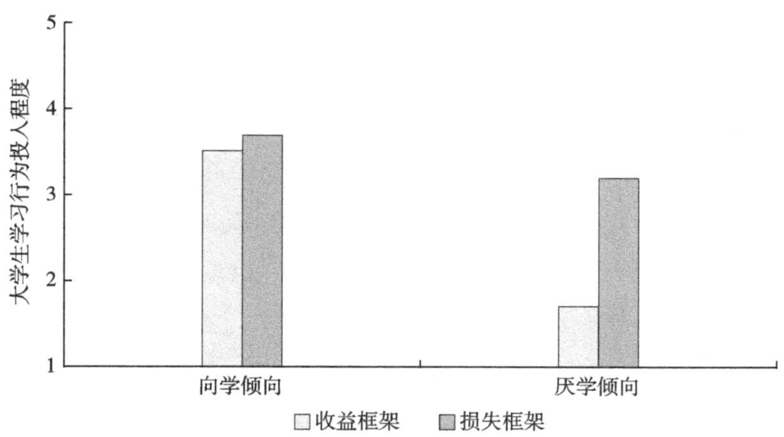

图5-2　任务目标框架与认知决策模式（向学/厌学倾向）对大学生学习行为投入的影响

四、讨论与启示

本实验（实验五）围绕大学生个体所面对的不同的学习任务目标

框架与其学习投入认知决策模式以交互作用的方式对其学习投入水平产生的调节匹配效应（主效应，Main Effect）展开研究。实验研究发现，大学生学习投入“向学倾向”的认知决策模式与不同的学习任务目标框架的交互作用并未能对大学生学习态度投入产生显著的调节匹配效应，但大学生学习投入“厌学倾向”的认知决策模式与不同的学习任务目标框架的交互作用对大学生学习态度投入产生的调节匹配效应却十分显著；与此同时，大学生学习投入“向学倾向”的认知决策模式与不同的学习任务目标框架的交互作用也未能对大学生学习行为投入产生显著的调节匹配效应，但大学生学习投入“厌学倾向”的认知决策模式与不同的学习任务目标框架的交互作用对大学生学习行为投入产生的调节匹配效应相比于前述的态度投入却更加显著。

然而，任何对变量进行分类的尝试都会限制对变量的理解。需要承认的是，本实验所设计的学习任务目标框架并不包括学生学习投入的每一个可能的前因和后果，并且在结构、心理、社会影响的一方和近端、远端影响的另一方之间可能有一些重叠。这个框架在一定程度上澄清了这些差异，突出了影响的主要方向，从而促进了对学生学习投入的复杂过程的共同理解，并使不同的研究视角交织在一起。因此，我们对学生学习投入及其影响的认识越清楚，就越能更好地满足学生的需要，提升学生的体验，并改善教学成果。在高等教育中需要更多研究的一个特殊领域是情感在学生学习投入中的作用。大部分的注意力都集中在行为和认知上，虽然人际关系和归属感的重要性得到了更广泛的认可，但很少有人关注学生对他们学习的更直接的情绪反应。例如，许多大一年级学生经历的焦虑是否会影响他们学习投入的其他方面——他们的行为和认知策略？本实验的研究结果突出地表明，有必要将高校教学管理的重点放在范围较窄的人群上，包括单一机构，因为对学生的学习经历进行广泛的概括是不明智的。建议使用深入的定性方法来捕捉经验的多样性，通过纵向工作来检查学生学习投入的动态过程。最重要的是，本实验研究强调，有许多途径可以提高学生的学习投入度，而这一责任在于各方：学生、教师和高校。

本研究的实践意义主要体现在高校对在校大学生的学业激励与学习管理方面。具体实践意义包括：第一，在制订学习任务目标或学业考核政策之前，可以通过正式或非正式途径向大学生传递略高于真实学习任务目标的信息，让大学生首先产生一种较高的学业任务预期，再通过推行低于大学生预期的学习任务目标以减少制度或规定落实过程中的阻力，同时让大学生能够形成积极（收益）的学习任务目标框架；第二，在学习任务目标的执行过程中，可以通过不断地与外部高校，特别是那些标杆、“双一流”的高校的大学生进行学业目标的比较，来强调外部标杆高校学习任务目标的超前性和挑战性，从而帮助大学生构建积极的学业任务比较框架；第三，可以根据大学生自身的差异性，包括以往学业水平、创造性学习能力、自我效能等，合理配置学习资源，帮助大学生积极主动地融入高校创造性的学习文化氛围中。例如，学业绩效和创造性学习自我效能较高的大学生对当前学习任务目标感知为积极（收益）框架的可能性更高，因此，可以给他们营造更适合其进行创造性学习的环境并配置资源。

第三节　实验六：任务目标框架与感知决策模式对大学生学习投入的调节匹配效应

一、相关文献综述

实验五验证了：大学生个体在面对不同的学习任务目标框架时，在其学习决策过程中，分别使用各自偏好的认知决策方式（向学/厌学倾向）时，是可以达成调节匹配的。但在大学生学习决策过程中可使用的决策方式不仅仅体现在认知层面，学生对教育和职业未来身份认同的追求与他们最深层次的需求、欲望和需求，即感知到的价值紧密相连。

有研究发现，学生在追求学业绩效的过程中很难发挥自我控制机制以抵制诱惑，相关研究通过提出一个独特的自我控制前因（即未来身份）和机制（即感知价值）来理解为什么学生们在自我控制方面如此挣扎，这个前因和机制代表了一个与过去模式截然不同的转变（例如自我损耗、双重系统等）。其他关于自我控制的理论解释表明，它可能代表了自我控制最直接的前提，并将这些特定的感知价值与不同的学习决策系统输入联系起来，从而提出关于感知价值何时以及如何影响学生自我控制机制的理论预测（Molden 等，2016）。

自我调节策略包括一系列与目标追求和调节相关的过程，如目标设定、奋斗、监控和分离等。例如，一个学生设定了一个目标，要在一个小时内完成一定数量的数学问题，专注于一个数学问题，或者评估到目前为止所取得的进展，这些都是自我调节，而不是自我控制，因为在目标导向和诱人的行为之间没有选择。

感知价值代表了自我控制的关键机制，并假设自我控制与其他基于价值的选择没有什么不同，因此，只是选择什么行为包含更多当前的感知价值。无论是目标导向的行为还是诱人的行为，其感知价值的大小都会受到价值投入的数量的影响，而这些价值投入的显著程度会随着环境的变化而变化。此外，这些价值投入是不计其数的，包括有形的（例如，奖励或惩罚）、社会的（例如，他人的接受）或心理的（例如，自信）。最后，这些价值观可以为目标导向的或诱人的行为增加积极或消极的价值，例如，努力是目标导向行为的消极价值输入，因为努力本身就会耗尽精力。

那么，在大学生学习投入感知决策的过程中，什么因素会影响学生的感知价值？什么类型的感知价值对其学习决策过程产生影响？基于此，我们提出如下假设：大学生个体所面对的不同的学习任务目标框架会与其不同的学习投入感知决策模式以交互作用的方式影响其学习投入水平，并产生调节匹配效应（主效应，Main Effect）。具体而言，在大学生学习投入“感知价值利得”的感知决策模式下，学习任务目标收益框架将促使大学生个体更倾向于提高自己的学习投入水平，学习任务目标损失框架将促使大学生个体更倾向于降低自己的学习投入水平；在大学生学习投入“感知价值利失”的感知决策模式下，则恰好相反，即学习任务目标收益框架将促使大学生个体更倾向于降低自己的学习投入水平，学习任务目标损失框架将促使大学生个体更倾向于提高自己的学习投入水平。

二、研究过程

（一）实验被试的安排

同实验五。

（二）实验程序的安排

本实验采用2（学习任务目标框架：收益框架/损失框架）×2（学习投入感知决策模式：感知利得/感知利失）的被试间实验设计，将被试分为4组，每组20人，分别参与不同的实验处理流程。因变量是不同实验条件下被试状态反应，即大学生学习投入的程度。

与实验五相同，本实验仍然采用阅读实验设计材料的方式启动和操纵被试的学习任务目标框架（见附录3）。具体实验启动效果同实验五。大学生学习投入感知决策模式（感知利得/感知利失）的测量方式与实验一相同（测试材料见附录1）。而大学生学习投入的程度（因变量）的测量，我们依然使用附录2中的大学生学习投入程度的测量题项。

我们给被试发放纸质实验材料的小册子，小册子内容包括学习任务目标框架的测试材料、学习投入感知决策模式问卷和大学生学习投入程度测量问卷。被试逐一阅读实验材料，并按材料中的说明进行选择和填答，具体包括以下步骤：第一步，要求被试完成学习任务目标框架的启动任务，然后填写学习任务目标框架操纵效果的调查问卷；第二步，要求被试完成学习投入感知决策模式问卷；第三步，要求被试完成大学生学习投入程度测量问卷。为避免因时间压力而产生不良结果，被试完成实验基本不设时间限制，被试可以以自己认为的适宜速度进行阅读和选择。实验后送给被试一份小礼物作为酬谢，并向被试简要说明本次实验的目的。

三、研究结果

（一）学习任务目标框架操纵效果的检验

同实验五。

（二）学习任务目标框架和感知决策模式对大学生学习投入程度的影响

本实验使用 SPSS 软件进行 2 ×2 的单因素方差分析，考察被试所面临的不同的学习任务目标框架与感知决策模式对大学生学习投入程度这个因变量的影响。对剔除无效数据之后的有效数据进行分析整理，统计结果如表 5 –4 所示。

表 5 –4　学习任务目标框架操纵效果的检验

实验条件	感知利得		感知利失	
	M	SD	M	SD
收益框架	3.87	1.71	3.82	1.40
损失框架	3.36	1.29	4.05	1.52

以学习任务目标框架和感知决策模式为自变量，以大学生学习投入程度得分为因变量对表 5－4 的数据进行完全随机的单因素方差分析，结果表明（见表 5－5）：学习任务目标框架的主效应并不显著，$F_{态度投入}$（1，76）＝2.37，$F_{行为投入}$（1，76）＝3.01，$p>0.05$；在感知决策模式方面，其对大学生学习态度投入的主效应亦不显著，F（1，76）＝3.23，$p>0.05$，但对大学生学习行为投入的主效应则较为显著，F（1，76）＝5.20，$p<0.05$；在学习任务目标框架与感知决策模式的交互作用方面，主效应的显著性均明显增强，$F_{态度投入}$（1，76）＝7.76，$F_{行为投入}$（1，76）＝9.11，$p<0.01$。

表 5－5　学习任务目标框架和感知决策模式对大学生学习投入程度影响的方差分析

变异来源	因变量	平方和	自由度	均方	F	Sig.
学习任务目标框架	大学生学习态度投入	5.15	1	5.15	2.37	0.216
	大学生学习行为投入	6.21	1	6.21	3.01	0.111
感知决策模式	大学生学习态度投入	8.14	1	8.14	3.23	0.096
	大学生学习行为投入	9.67	1	9.67	5.20*	0.041
学习任务目标框架×感知决策模式	大学生学习态度投入	11.76	1	11.76	7.76**	0.007
	大学生学习行为投入	14.62	1	14.62	9.11**	0.005
误差	大学生学习态度投入	47.34	76	2.46		
	大学生学习行为投入	50.51	76	2.55		

注：*** 表示 $P<0.001$，** 表示 $P<0.01$，* 表示 $P<0.05$（双尾）。

综上所述，在大学生学习投入决策过程中出现了不同的学习任务目标框架与感知决策模式间的匹配效应，即面对学习任务目标收益框架的大学生更偏好采用感知利得的感知决策模式，学习任务目标损失框架下的大学生更偏好采用感知利失的感知决策模式，当两种不同的学习任务目标框架下的大学生个体分别使用各自所偏好的感知决策模式进行学习投入的决策时，即达成调节匹配，相比较调节不匹配，这种匹配效应会使大学生对决策后所做选择给出更积极的评价（见图 5－3 和图 5－4）。

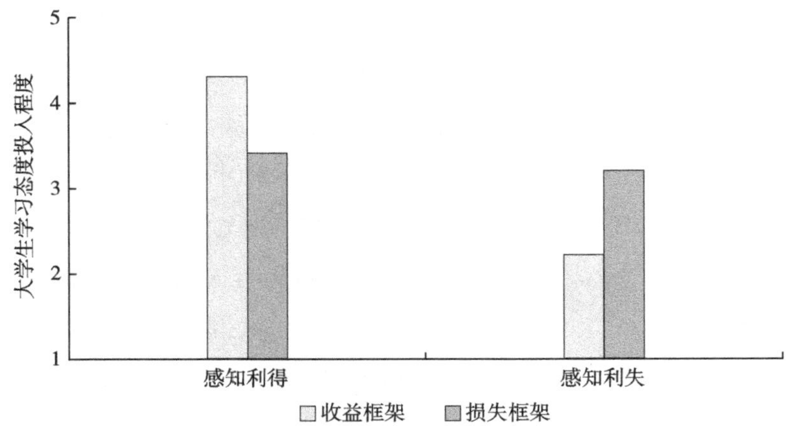

图5-3 任务目标框架与感知决策模式（感知利得/感知利失）
对大学生学习态度投入的影响

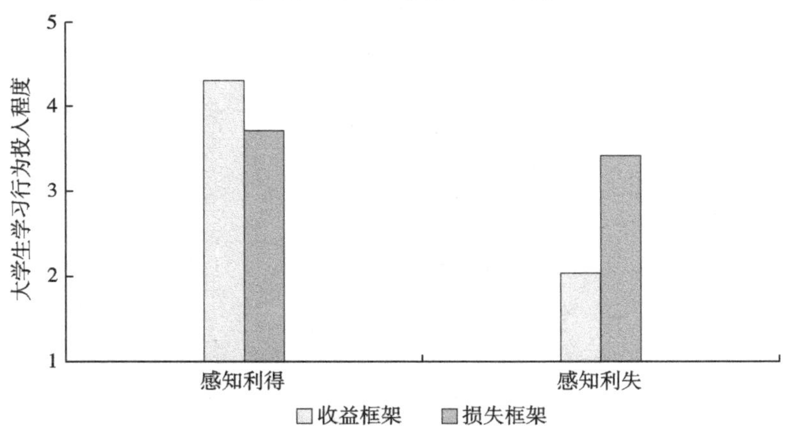

图5-4 任务目标框架与感知决策模式（感知利得/感知利失）
对大学生学习行为投入的影响

四、讨论与启示

本实验（实验六）围绕大学生个体所面对的不同的学习任务目标框架与其学习投入感知决策模式以交互作用的方式对其学习投入水平产生的调节匹配效应（主效应，Main Effect）展开研究。实验研究发现，大学生学习投入“感知利得”的感知决策模式与不同的学习任务目标框架的交互作用均能对大学生学习态度投入产生显著的调节匹配效应，而大学生学习投入“感知利失”的感知决策模式与不同的学习任务目标框架的交互作用对大学生学习态度投入产生的调节匹配效应虽然也十分显著，但相应的调节匹配效应的方向却是相反的，也就是说，学习任务目标收益框架下，采用“感知利得”感知决策模式大学生的学习投入水平要显著高于采用“感知利失”感知决策模式的大学生；与此同时，大学生学习投入“感知利得”的感知决策模式与不同的学习任务目标框架的交互作用未能对大学生学习行为投入产生显著的调节匹配效应，但大学生学习投入“感知利失”的感知决策模式与不同的学习任务目标框架的交互作用对大学生学习行为投入产生的调节匹配效应相比于前述的态度投入却更加显著。

本研究表明，大学生的自我价值感知、自我控制感和学业成就感足以影响学生关于学业追求目标的自我报告的结果，并直接影响他们对学习行为任务的感知价值以及他们在这些学习行为任务上的实际表现。因此，更有效的环境控制、更科学的学习任务设计和更积极的学习任务目标框架可能会导致更好的大学生学习投入状态，并对其自我控制和感知价值产生重大影响。同时，应洞察大学生在学习过程中的动机、感知价值和自我控制之间的关系，包括大学生个体的性格和人格特质，以及他们的社会经济地位、文化和与他人的交往经历等。因为，人格和更广泛的环境的影响可能使得人们很难及时调整个人的学习动机。

此外，我们需要更好地测量大学生的感知决策模式，以及可能驱动感知决策过程的关键机制（即感知学业任务价值），以了解什么是感知决策，感知决策是如何发生的，以及感知决策发生的时间。如果没有对感知决策的具体理解，就不可能将微观行为（即日常的学习行为）与宏观行为（项目、政策等）联系起来，因为很难制订针对诸如感知决策等过程的项目和干预措施，或者知道这些项目和干预措施成功的边界条件。大学生，以及更广泛的个体，不断地受到各种诱惑，他们需要抵制其中一些诱惑，以达到自己的目标，成为自己想成为的人。

由于大学生学习过程中涉及的感知价值判断和各自的身份认同是情境依赖的，因而理论上，任何旨在提高学业成就的干预、政策或学校的倡议都需要了解大学生是如何将他们的长期目标与日常决策联系起来的。于是，教师可以通过设计和开发高质量的学习任务目标来提高学生的学习投入度，这些任务可以激发学生的活力，激发学生的积极性，激励他们追求更高的学业目标，从而提高学生对学业的感知价值，使他们不太可能受到朋友或社交媒体的诱惑。此外，还可以在教学中强调激励、动机和追求，以改善高校的教学实践。

第四节　实验七：不同任务难度下任务目标框架与认知决策模式的调节匹配效应

一、相关文献综述

任务难度一直是任务型教学的首要考虑因素。任务难度受多种因素的影响，不同的教育者和研究者对任务的定义和对任务难度的感知也不同。影响任务难度的因素包括任务中固有的因素以及学习者和教师对难度的感知，还有其他因素，如地区差异、文化差异、背景知识、时间、认知因素和语言因素等。Ellis（2003）将任务难度定义为：特定学习者发现任务容易或困难的程度。个体差异因素，如智力、语言能力、学习风格、记忆能力和动机是造成任务难度的原因。难度是情境性的，任务难度是一个概念性的问题，它会随着时间的推移而变化（Ellis，2003）。

一般认为，是学习任务中的交互因素导致了学习任务的难度，而任务难度“驻留”在评估所涉及的所有这些成分之间的相互作用中。但学习任务难度本身是一个不容易确定的概念，它是一种认知，取决于学生们的表现以及学生对学习任务的兴趣程度，即向学/厌学倾向。此外，它还取决于学生应对测试的能力和测试内容的有效性。因此，难度可以概念化为“测试任务中的一个特征，使得研究人员试图理解、解释或预测给定任务的难度”以及学习任务是如何排序的（Bachman，2002）。

与学习任务难度直接相关的因素包括时间压力、个体能力和知识的差异、问题的大小或替代方案的数量变化、学习任务的典型性或是否可以进行基于类别的处理等，但它们影响大学生学习决策过程的方式各不相同。例如，当学习任务的难度随着时间压力的增加而增加时，个体似乎会加速他们的处理，变得更有选择性，并改变策略。然而，当一项学习任务因弱化典型性而变得更难时，个人无法使用基于类别的加工策略，也无法采用零碎的加工方式，从而花费更多的时间，以及更多的学习投入。因此，不同的学习任务难度操作方式对决策过程产生不同的影响。通过上述这种方式，在测试的情况下，人们会希望给不同熟练程度的学生分配适当难度级别的学习任务，以便最有效地确定某个特定测试候选人能够进行最高水平的学习投入。在本研究中，我们通过将学习任务描述为典型（低难度）或非典型（高难度）来操纵学习任务难度。

基于以上分析，我们提出实验七的研究假设。

假设1a：相对于学习任务目标损失框架下的大学生，高难度学习任务将使学习任务目标收益框架下的大学生表现出更高的学习投入度。

假设1b：相对于学习任务目标收益框架下的大学生，低难度学习任务将使学习任务目标损失框架下的大学生表现出更低的学习投入度。

假设2a：相对于学习任务目标损失框架下的大学生，高难度学习任务将使学习任务目标收益框架下的大学生采取向学的认知决策模式。

假设2b：相对于学习任务目标收益框架下的大学生，低难度学习任务将使学习任务目标损失框架下的大学生采取厌学的认知决策模式。

假设3a：大学生向学的认知决策模式显著影响其学习投入度。

假设3b：大学生厌学的认知决策模式显著影响其学习投入度。

假设3c：大学生认知决策模式（向学/厌学）是学习任务目标框架与学习任务难度影响大学生学习投入度的中介变量。

基于以上假设，我们构建了本实验的研究模型，见图5－5。

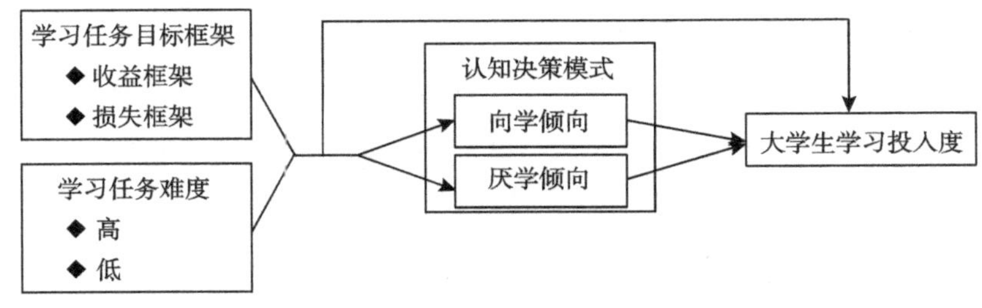

图5－5　实验七研究模型

二、研究过程

（一）实验被试的安排

2020年10月，以南京财经大学市场营销和广告专业2018级的在校大学生（为本研究核心成员该学期的授课对象）为被试样本的总体，共93名被试参加本次实验，其中剔除5个由于未按规定答题、漏答等产生的无效数据样本，其余88名被试中男生34名，女生54名，平均年龄20.47岁（SD＝1.26）。所有被试均从未参加过类似的实验测试，且不了解本次实验的目的。所有被试均自愿参与实验，实验结束后每名被试都得到一份小礼物作为回报。

（二）实验程序的安排

为保证实验质量和操控的有效性，本实验采用阅读实验设计材料的方式启动和操纵被试的学习任务目标框架（见附录3）。具体实验流程包括：一方面，要求被试阅读学习任务目标收益框架的测试材料来启动大学生个体的学习任务目标收益框架；另一方面，要求被试阅读学习任务目标损失框架的测试材料来启动大学生个体的学习任务目标损失框架。为了检验学习任务目标框架这一变量操纵方式的有效性，被试阅读完启动学习任务目标框架的测试材料后，立即进行三项决策的测试，每项决策包含两个对立的选项（见附录3）。在每一次决策中，较大数值对应收益框架，较小数值对应损失框架。大学生学习投入认知决策模式（向学倾向/厌学倾向）的测量方式与实验一相同（测试材料见附录1）。学习任务难度的测量量表见附录4。而关于大学生学习投入程度（因变量）的测量，我们在NSSE量表和Schaufeli团队开发的UWES－S量表［工作投入量表（学生版，2002）］的基础上，从大学生学习投入程度整体的角度设计了测量题项（见附录4）。

我们给被试发放纸质实验材料的小册子，小册子内容包括学习任务目标框架的测试材料、学习投入认知决策模式问卷、学习任务难度的测试材料和大学生学习投入程度的测量问卷。被试逐一阅读实验材料，并按材料中的说明进行选择和填答，具体包括以下步骤：第一步，要求被试完成学习任务目标框架的启动任务，然后填写学习任务目标框架操纵效果的调查问卷；第二步，要求被试完成学习投入认知决策模式问卷；第三步，要求被试快速阅读学习任务难度的测试材料后完成大学生学习投入程度的测量问卷。

为避免因时间压力而产生不良结果，被试完成实验基本不设时间限制，被试可以以自己认为的适宜速度进行阅读和选择。实验后送给被试一份小礼物作为酬谢，并向被试简要说明本次实验的目的。

三、研究结果

（一）学习任务目标框架操纵效果的检验

检验过程同实验五，计算结果如表5－6所示。

表 5－6　学习任务目标框架操纵效果的检验

学习任务目标框架	M	SD	t	p
收益框架	5.85	0.55	9.01	0
损失框架	4.04	0.87		

表 5－6 中的独立样本 t 检验结果表明，在关于自己收益的学习任务目标框架操纵条件下，被试在三个决策项目上得分的平均值显著高于关于自己损失的学习任务目标框架操纵条件下的得分平均值 [$M_{收益框架}=5.85$，$M_{损失框架}=4.04$，$t(87)=9.01$，$p<0.001$]。所以，本实验对于自变量（学习任务目标框架）的操控结果与预期相符，是成功的且达到了实验控制的目的。

（二）学习任务目标框架与学习任务难度对大学生学习投入程度的影响

使用 SPSS 软件进行 2×2 的方差分析，考察被试所面临的不同的学习任务目标框架与学习任务难度对大学生学习投入程度这个因变量的影响。对剔除无效数据之后的有效数据进行分析整理，统计结果如表 5－7 所示。

表 5－7　学习任务目标框架操纵效果的检验

实验条件	低任务难度		高任务难度	
	M	SD	M	SD
收益框架	3.21	1.79	4.17	1.61
损失框架	2.83	1.61	3.87	2.26

以学习任务目标框架和学习任务难度为自变量，以大学生学习投入程度得分为因变量，对表 5－7 的数据进行完全随机的单因素方差分析，结果表明（见表 5－8）：学习任务目标框架的主效应并不显著，$F(1, 83)=3.15$，$p>0.05$；在学习任务难度对大学生学习投入水平的主效应亦不显著，$F(1, 83)=4.51$，$p>0.05$；在学习任务目

标框架与不同学习任务难度的交互作用方面，主效应的显著性明显增强，$F(1, 83) = 7.66$，$p < 0.05$。

表5－8 学习任务目标框架和学习任务难度对大学生学习投入度影响的方差分析

变异来源	因变量	平方和	自由度	均方	F	Sig.
学习任务目标框架	大学生学习投入度	5.57	1	5.57	3.15	0.151
学习任务难度	大学生学习投入度	6.25	1	6.25	4.51	0.079
学习任务目标框架×学习任务难度	大学生学习投入度	14.14	1	14.14	7.66*	0.013
误差	大学生学习投入度	36.77	83	2.12		

注：*** 表示 $P < 0.001$，** 表示 $P < 0.01$，* 表示 $P < 0.05$（双尾）。

综上所述，相对于调节不匹配而言（收益框架与低学习任务难度、损失框架与高学习任务难度），在大学生学习投入决策过程中出现了不同的学习任务目标框架与学习任务难度间的匹配效应，即学习任务目标收益框架下面对高学习任务难度的大学生更倾向于提高其学习投入水平，而学习任务目标损失框架下面对低学习任务难度的大学生更倾向于降低其学习投入水平（见图5－6），从而假设1a和假设1b得到验证。

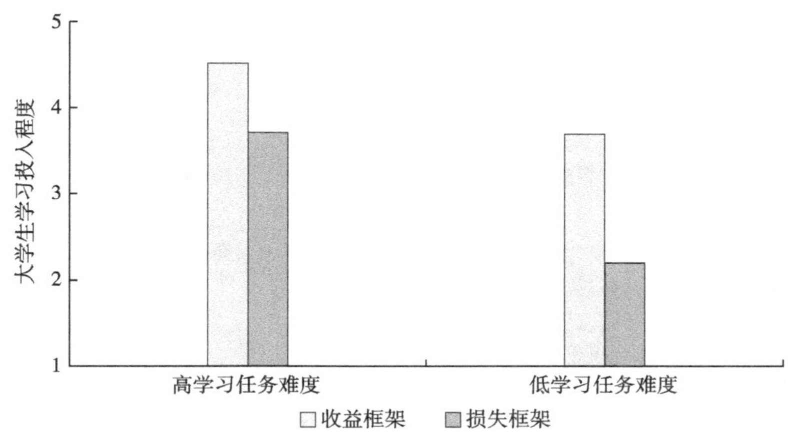

图5－6 任务目标框架与学习任务难度（高/低）对大学生学习投入的影响

（三）学习任务目标框架与学习任务难度对大学生学习认知决策模式的影响

使用SPSS软件进行2×2的单因素方差分析，考察被试所面临的不同的学习任务目标框架与学习任务难度对大学生学习认知决策模式这个因变量的影响。对剔除无效数据之后的有效数据进行分析整理，统计结果如表5－9所示。

表5－9　学习任务目标框架与学习任务难度交互作用操纵效果的检验

实验条件	低任务难度		高任务难度	
	M	SD	M	SD
收益框架	3.08	1.50	4.31	1.48
损失框架	2.66	1.57	3.90	1.59

以学习任务目标框架和学习任务难度为自变量，以大学生学习认知决策模式的得分为因变量，对表5－9的数据进行完全随机的单因素方差分析，结果表明（见表5－10）：学习任务目标框架的主效应并不显著，$F(1, 83) = 3.73$，$p > 0.05$；在学习任务难度对大学生学习认知决策模式的主效应亦不显著，$F(1, 83) = 4.91$，$p > 0.05$；在学习任务目标框架与学习任务难度的交互作用方面，主效应的显著性明显增强，$F(1, 83) = 9.48$，$p < 0.01$。

表5－10　学习任务目标框架和学习任务难度对大学生学习认知决策模式影响的方差分析

变异来源	因变量	平方和	自由度	均方	F	Sig.
学习任务目标框架	大学生学习认知决策模式	6.11	1	6.11	3.73	0.115
学习任务难度	大学生学习认知决策模式	7.67	1	7.67	4.91	0.055
学习任务目标框架×学习任务难度	大学生学习认知决策模式	18.66	1	18.66	9.48**	0.006
误差	大学生学习认知决策模式	44.51	83	3.17		

注：*** 表示 $P < 0.001$，** 表示 $P < 0.01$，* 表示 $P < 0.05$（双尾）。

综上所述，相对于调节不匹配而言（收益框架与低学习任务难度、损失框架与高学习任务难度），在大学生学习认知决策过程中出现了不同的学习任务目标框架与学习任务难度间的匹配效应，即学习任务目标收益框架下面对高学习任务难度的大学生更倾向于采用向学的认知决策模式，而学习任务目标损失框架下面对低学习任务难度的大学生更倾向于采用厌学的认知决策模式（见图 5 - 7），从而假设 2a 和假设 2b 得到验证。

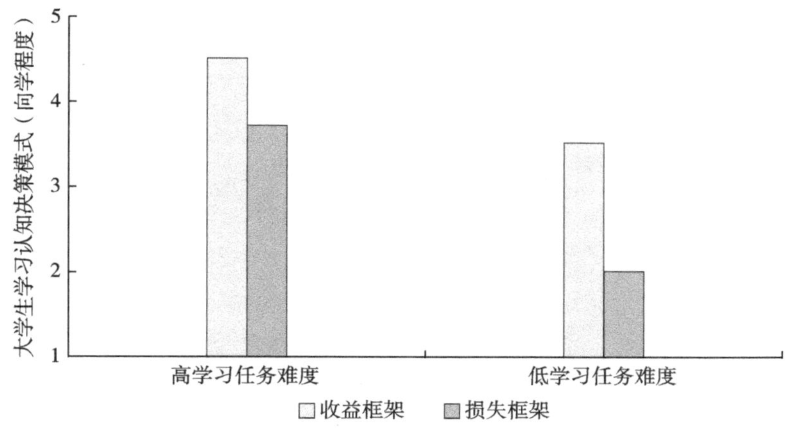

图 5 - 7　任务目标框架与学习任务难度（高/低）对大学生学习认知决策模式的影响

（四）大学生学习认知决策模式（向学/厌学）的中介作用分析

采用回归分析对大学生学习认知决策模式（向学/厌学）的中介作用进行检验，分析结果如表 5 - 11 所示。模型 1 ~ 4 检验了向学的认知决策模式的中介作用。同时，中介变量在自变量对因变量的影响效应中具有部分中介作用。依据同样的方法，表 5 - 11 中的模型 1 和模型 5 ~ 7 检验了厌学的认知决策模式的中介作用，检验结果表明，大学生学习认知决策模式（向学/厌学）在任务目标框架与学习任务难度对大学生学习投入水平的影响关系中具有部分中介作用，从而 H3c 得到验证。而模型 3 和模型 6 则显示向学倾向（0.411***）和厌学倾向（-0.225**）均显著影响大学生学习投入的水平，从而 H3a 和 H3b 得到验证。

表 5-11　大学生学习认知决策模式（向学/厌学）的中介作用分析结果

变量	模型 1	模型 2	模型 3	模型 4	模型 5	模型 6	模型 7
	学习投入	向学倾向	学习投入	学习投入	厌学倾向	学习投入	学习投入
目标框架×学习任务难度	0.571*** (4.684)						
目标框架×学习任务难度		0.462*** (3.785)					
向学倾向			0.411*** (3.772)				
目标框架×学习任务难度				0.544*** (4.510)			
向学倾向				0.276** (2.349)			
目标框架×学习任务难度					0.517*** (4.497)		
厌学倾向						-0.225** (3.256)	
目标框架×学习任务难度							-0.560*** (4.752)
厌学倾向							-0.267*** (3.686)
R^2	0.149	0.102	0.166	0.217	0.115	0.151	0.203
F	9.576***	4.811**	13.050***	13.387***	3.723**	10.403***	11.782***

注：*** 表示 $p<0.001$；** 表示 $p<0.01$，括号内为 t 值。

四、讨论与启示

实验七引入大学生学习认知决策模式（向学/厌学）这一组中介变量，检验任务目标框架与学习任务难度对大学生学习投入水平的影响机制。研究结果显示，相对于学习任务目标损失框架下的大学生，高难度学习任务将使学习任务目标收益框架下的大学生采取向学的认知决策模式，进而表现出更高的学习投入度。相对于学习任务目标收益框架下的大学生，低难度学习任务将使学习任务目标损失框架下的大学生采取厌学的认知决策模式，进而表现出更低的学习投入度。

本研究为如何有效地分析学习任务本身提供了一个实用工具和理论视角。相关研究结果表明：大学生能够完成特定学业任务的程度很重要；大学生能够展示其可以完成特定学习目标任务的某个领域的能力；潜在学习能力水平较高的大学生能够成功地完成难度较高的学业任务。同时，本研究也可以作为理论和实践之间的桥梁，帮助研究人员和教师“在活动和学习策略之间架起一座桥梁”，因为它深入探讨了思维在学习中的作用，能够满足学生不断面对新挑战的需要，从而提供新机会，发展他们的接受能力和创造能力，而一旦人们能够识别任务中涉及的思维过程，那么开始探索学习行为发生在哪里就会容易得多。

本研究具有重要的理论意义。首先，传统的决策观点认为学习者的学习决策取决于决策收益和决策结果之间的比较，而依据调节匹配理论，本研究认为在大学生学习情境中，学习者的决策过程也会对学习者最终的学习行为决策产生影响，这为学习者决策研究提供了新的解释机制。其次，现有研究已经证实科学的学习任务难度设计可以提升大学生学习投入水平。本研究依据框架效应，认为教学人员采取的学习任务难度设计策略可以进一步分类。本研究结果也显示，学习任务目标收益框架与高任务难度、学习任务目标损失框架与低任务难度的匹配，可以激发大学生相应的学习投入意愿度，这为通过设计和布置学业任务的手段刺激大学生相应的学习投入意愿度提供了新的分析路径。最后，本研究将大学生认知决策模式（向学/厌学）设置为学习任务目标框架与学习任务难度影响大学生学习投入度的中介变量，并得出了较为满意的检验结果，从而丰富了大学生学习投入度的影响因素。

实践方面，从教学层面上看，虽然学业任务是实现教学效果的重要手段，但如果教师不对学业任务进行科学合理的设计，或面对所有学生都设置相同的学业任务及难度水平，那么就无法取得理想的教学效果，这也有悖于个性化学习的现代教育的核心理念；从高校管理层面上看，学校应要加强对教师及相关教学管理人员的培训，全面提升教师的综合素质，更好地激发大学生的学习欲望，满足学生个性化的需求，提升大学生的学习投入度和满意度。

第五节　实验八：不同任务难度下任务目标框架与感知决策模式的调节匹配效应

一、相关文献综述

近年来，研究人员在语言测试的相关研究中采取两种方法对学习任务难度进行设计：确定一些被认为基本上独立于学生个体能力的学习任务特征，然后研究这些特征与学习任务难度的经验指标之间的关系；明确识别学习任务难度的特征，这些特征本质上是能力要求和任务特征的组合，假设这些特征会影响给定学习任务的难度。后一种方法的研究调查了不同的学生个体，通常是“专家”，如何根据学业难度特征或他们的预期学业难度，对包括这些因素的不同组合的不同学习任务进行评分，或者不同的个体和群体如何执行这些学习任务（Brindley 和 Slatyer，2002）。相关研究试图厘清学习任务难度的问题，希望能够设计和开发出更适合其预期用途和学生学习状态的评价标准。然而，总的来说，这些研究却提供了广泛变化和不一致的结果。

学习任务难度被概念化为“根据能力要求和任务特征的整合对任务进行分类”，换言之，我们必须面对一系列问题：“具备某种熟练程度的学习者在一个学习任务中能完成什么难度级别的任务?”“学习任务难度估计值在多大程度上可用于概括系统相关学习任务的表现?”“相关认知加工需求在多大程度上可以作为根据可能性评估一系列学生任务表现的有用手段?”由于学习任务难度特征被明确描述为学生能力要求和学习任务特征的组合，因此它们很可能是任务难度和测试绩效的主要决定因素，学习任务本身就被定义为要度量的框架结构（Brindley，1987）。

然而，使用任务框架评估学习任务难度存在两种路径，学习任务难度在不同测量模型中不同的操作方式，以及根据能够产生一致或有意义结果的学习任务特征预测经验难度的不同方法，即教与学双方之间的积极互动，在此期间，积极的行为将得到确认，消极的行为将得到纠正，从而提高了学生学习绩效，并激励和促进他们学习行为的改变，而感知价值在这一行为改变机制中被认为是至关重要的（Hesketh 和 Laidlaw，2003）。这一过程可以是消极的，也可以是积极的，可以是间接的，也可以是直接的，学习者会判断其价值，然后决定是否接受它并采取相应的行动。

基于此，我们认为，当学生感知这一互动过程是有价值的或是有益的，将会提高他们的自我效能并进一步提升其学习投入水平，反之则会降低其学习投入水平。在本研究中，我们同样通过将学习任务描述为典型（低难度）或非典型（高难度）来操纵学习任务难度，并通过感知利得或感知利失来操纵大学生学习的感知决策模式。

基于以上分析，我们提出实验八的研究假设。

假设 1a：相对于学习任务目标损失框架下的大学生，高难度学习任务将使学习任务目标收益框架下的大学生采取感知利得的感知决策模式。

假设 1b：相对于学习任务目标收益框架下的大学生，低难度学习任务将使学习任务目标损失框架下的大学生采取感知利失的感知决策模式。

假设 2a：大学生感知利得的感知决策模式显著影响其学习投入度。

假设 2b：大学生感知利失的感知决策模式显著影响其学习投入度。

假设 2c：大学生感知决策模式（感知利得/感知利失）是学习任务目标框架与学习任务难度影响大学生学习投入度的中介变量。

基于以上假设，我们构建了本实验的研究模型，见图 5-8。

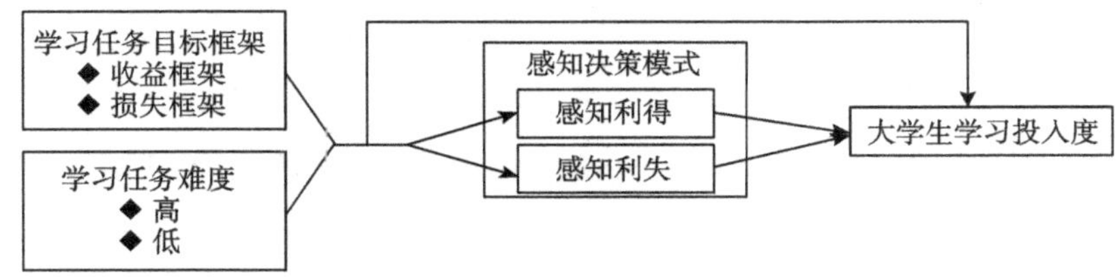

图 5-8　实验八研究模型

二、研究过程

（一）实验被试的安排

同实验七。

（二）实验程序的安排

本实验中学习任务目标框架的启动、操纵和有效性检验，以及大学生学习投入程度和学习任务难度的测试，均与实验七相同，大学生学习感知决策模式的测试材料见附录1，具体实验流程也与实验七相同。

三、研究结果

（一）学习任务目标框架与学习任务难度对大学生学习感知决策模式的影响

使用 SPSS 软件进行 2×2 的单因素方差分析，考察被试所面临的不同的学习任务目标框架与学习任务难度对大学生学习感知决策模式这个因变量的影响。对剔除无效数据之后的有效数据进行分析整理，统计结果如表5－12所示。

表5－12 学习任务目标框架与学习任务难度交互作用操纵效果的检验

实验条件	低任务难度		高任务难度	
	M	SD	M	SD
收益框架	3.29	1.77	4.40	1.18
损失框架	2.57	1.48	3.75	1.42

以学习任务目标框架和学习任务难度为自变量，以大学生学习感知决策模式的得分为因变量，对表5－12的数据进行完全随机的单因素方差分析，结果表明（见表5－13）：学习任务目标框架的主效应并不显著，$F(1, 83) = 3.46$，$p > 0.05$；在学习任务难度对大学生学习感知决策模式的主效应亦不显著，$F(1, 83) = 5.50$，$p > 0.05$；在学习任务目标框架与学习任务难度的交互作用方面，主效应的显著性明显增强，$F(1, 83) = 8.17$，$p < 0.01$。

表5－13 学习任务目标框架和学习任务难度对大学生学习感知决策模式影响的方差分析

变异来源	因变量	平方和	自由度	均方	F	Sig.
学习任务目标框架	大学生学习感知决策模式	5.62	1	5.62	3.46	0.253
学习任务难度	大学生学习感知决策模式	9.33	1	9.33	5.50	0.057
学习任务目标框架×学习任务难度	大学生学习感知决策模式	16.51	1	16.51	8.17**	0.007
误差	大学生学习感知决策模式	35.73	83	2.63		

注：***表示P＜0.001，**表示P＜0.01，*表示P＜0.05（双尾）。

综上所述，相对于调节不匹配而言（收益框架与低学习任务难度、损失框架与高学习任务难度），在大学生学习感知决策过程中出现了不同的学习任务目标框架与学习任务难度间的匹配效应，即学习任务目标收益框架下面对高学习任务难度的大学生更倾向于采用感知利得的决策模式，而学习任务目标损失框架下面对低学习任务难度的大学生更倾向于采用感知利失的决策模式（见图5-9），从而，本实验提出的H1a和H1b得到验证。

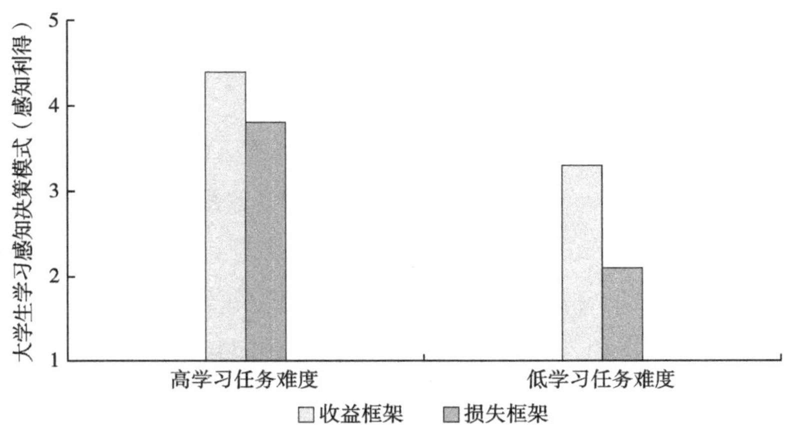

图5-9　任务目标框架与学习任务难度（高/低）对大学生学习感知决策模式的影响

（二）大学生学习感知决策模式（感知利得/感知利失）的中介作用分析

采用回归分析对大学生学习感知决策模式（感知利得/感知利失）的中介作用进行检验，分析结果如表5-14所示。模型1~4检验了感知利得决策模式的中介作用。同时，中介变量在自变量对因变量的影响效应中具有部分中介作用。依据同样的方法，表5-14中的模型1和模型5~7检验了感知利失决策模式的中介作用，检验结果表明，大学生学习感知决策模式（感知利得/感知利失）在任务目标框架与学习任务难度对大学生学习投入水平的影响关系中具有部分中介作用，从而H2c得到验证。而模型3和模型6则显示感知利得（0.358***）

和感知利失（-0.232**）均显著影响大学生学习投入的水平，从而H2a和H2b得到验证。

表5-14 大学生学习感知决策模式（感知利得/感知利失）的中介作用分析结果

变量	模型1	模型2	模型3	模型4	模型5	模型6	模型7
	学习投入	感知利得	学习投入	学习投入	感知利失	学习投入	学习投入
目标框架×学习任务难度	0.468*** (4.033)						
目标框架×学习任务难度		0.372*** (3.227)					
感知利得			0.358*** (3.131)				
目标框架×学习任务难度				0.506*** (4.881)			
感知利得				0.236** (2.357)			
目标框架×学习任务难度					0.486*** (4.229)		
感知利失						-0.232** (3.110)	
目标框架×学习任务难度							-0.510*** (4.663)
感知利失							-0.215** (3.005)
R^2	0.157	0.116	0.169	0.201	0.143	0.170	0.193
F	10.631***	6.226**	12.363***	14.211***	8.881**	11.559***	12.629***

注：*** 表示 $p<0.001$；** 表示 $p<0.01$，括号内为t值。

四、讨论与启示

实验八引入大学生学习感知决策模式（感知利得/感知利失）这

一组中介变量，检验任务目标框架与学习任务难度对大学生学习投入水平的影响机制。研究结果显示，相对于学习任务目标损失框架下的大学生，高难度学习任务将使学习任务目标收益框架下的大学生采取感知利得的决策模式，进而表现出更高的学习投入度。相对于学习任务目标收益框架下的大学生，低难度学习任务将使学习任务目标损失框架下的大学生采取感知利失的决策模式，进而表现出更低的学习投入度。

综上所述，我们认为，任务难度是影响大学生学习投入决策的一个重要因素，它不仅表现在学生的心理方面，而且在其学习感知决策过程中也表现出较高的显著性水平。此外，本实验研究结果表明，与感知利失的决策模式相比，感知利得的决策模式会导致：基于学习任务难度类别的推理；更高的学业评价效果；更有利的学习投入态度。基于这些发现，我们验证了感知利得/感知利失决策模式对大学生在关于学习任务难度信息的推断、学习投入的信心水平和学习任务目标备选方案评估等方面影响性的相关假设。

更确切地说，感知利失被定义为“损失是可能结果的一种情况”，而感知利得则是“收益是可能结果的一种情况”。大学生学习是复杂系统的一部分，并不是在真空中进行的，因此，各种环境因素的框架成为其学习任务的固有特征。因此，尽管学习任务难度是学习任务本身固有的特征，但任务目标框架可以被认为是学习任务本身所固有的。具体而言，“收益框架”意味着：一种积极的情况，有可能获得收益，并且学习者个体拥有合理的控制权。“损失框架”的特征是：消极情况，损失是可能出现的，同时个人的控制力相对较弱。

因此，将感知价值作为大学生学习活动绩效评价的一个重要的操作性维度，将有利于相关学习任务特定价值的概念化。首先，要对学业任务的价值给出具体说明或重要性的目标。其次，需要通过衡量学习活动的内在/外在价值来涵盖特定学业任务价值的质的不同方面，考虑到感知价值概念化过程中的细微差别会导致不同的结果，我们应区分不同类型学业任务的特定价值观。最后，我们需要推断感知价值与学生情绪之间的因果关系，以及可能存在的反向或双向解释。因为，价值观和情感之间的关系可能会因情况的不同而有所不同。关于这一点，我们将在实验九和实验十中深入研究。

第六节　实验九：不同情绪状态下任务目标框架与认知决策模式的调节匹配效应

一、相关文献综述

学业任务的评价是课程设计者、测试编写者和材料开发人员等多方共同关心的问题，也是一个特别复杂的问题，因为造成学业任务难度的因素很多，而且这些因素相互重叠、相互影响。于是，Bachman（2002）提出了一个评估任务特征的框架，利用任务特征对任务进行排序并预测项目难度，该框架分析了学业任务的组成部分，如设置、测试准则、输入、预期响应以及输入和响应之间的关系/交互作用等。认知因素是指学业任务中对学习材料及其性质的熟悉程度，包括：材料是抽象的还是具体的，所需的推理操作及其所包含内容的结构化程度，表现因素包括“疲劳、说话的复杂性、情绪状态等”。因此，要强调主观价值作为学生积极情绪的前驱因素的作用，从而揭示价值观与积极/消极情绪之间的内在联系（Skehan，2003）。

虽然导致情绪的潜在动机过程在个体之间具有相似性，但学生对价值评估的情绪反应可能存在差异。同时，更普遍的大学生学习方法，特别是学习投入，有可能促进学生日常的情绪体验，大学生这种普遍的学习投入和情绪体验具有动态性，而在学习开始时所形成的动机亦可能会与学生的日常学习经历相互作用。研究发现感知价值与积极情绪之间的关联性，同时，在价值—情感关系上存在着个体的差异性。例如，较高水平的学习投入加强了价值观与积极情绪之间的积极人际关系，低水平的学习投入则削弱了价值观和消极情绪之间的消极人际关系，换言之，感知价值可以预测学生的负面情绪较少。而对于开始学习时投入度较低的学生，则不存在这种关系（Tanaka 和 Murayama，2014）。

Pekrun 和 Götz（2005）研究发现，总体学习投入不仅能在短期内预测人际关系中的人与人之间的差异，而且对大学生的日常学习体验也有更深远的影响。除了强化或弱化价值—情绪关系，大学第一年的学习投入也直接预测了两年内更高的学习任务的特定价值。换言之，如果一个学生正在经历积极的激活情绪，其不太可能同时经历消极的激活情绪，这也可以部分解释为什么感知价值与更高的积极和消极情绪没有类似的关系。学生最初的学习投入水平越高，他们的积极情绪就越强烈地与这两年的高感知价值相关。然而，由于在学生层面上，感知价值和消极情绪是不相关的（而不是负相关的），尽管学习投入的调节作用部分地澄清了这些不一致的发现，但未来的研究仍需要调查这些结构的不同分析水平之间的差异。因此，不同情绪状态操作方式对大学生学习决策过程产生不同的影响。

基于以上分析，我们提出实验九的研究假设。

假设 1a：相对于学习任务目标损失框架下的大学生，积极的情绪状态将使学习任务目标收益框架下的大学生表现出更高的学习投入度。

假设 1b：相对于学习任务目标收益框架下的大学生，消极的情绪状态将使学习任务目标损失框架下的大学生表现出更低的学习投入度。

假设 2a：相对于学习任务目标损失框架下的大学生，积极的情绪状态将使学习任务目标收益框架下的大学生采取向学的认知决策模式。

假设 2b：相对于学习任务目标收益框架下的大学生，消极的情绪状态将使学习任务目标损失框架下的大学生采取厌学的认知决策模式。

假设3a：大学生向学的认知决策模式显著影响其学习投入度。

假设3b：大学生厌学的认知决策模式显著影响其学习投入度。

假设3c：大学生认知决策模式（向学/厌学）是学习任务目标框架与情绪状态影响大学生学习投入度的中介变量。

基于以上假设，我们构建了本实验的研究模型，见图5－10。

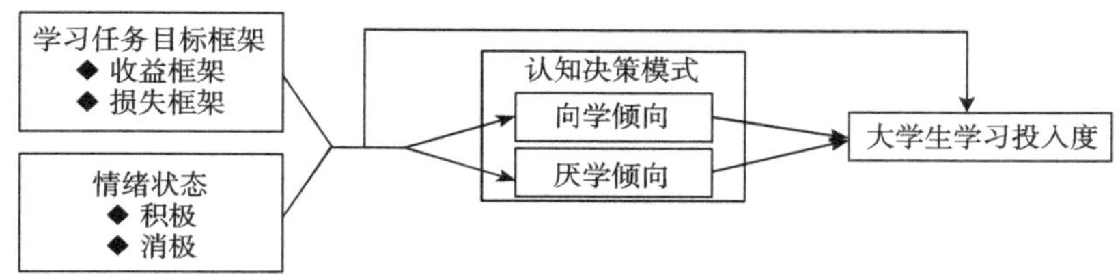

图5－10 实验九研究模型

二、研究过程

（一）实验被试的安排

同实验七和实验八。

（二）实验程序的安排

本实验中学习任务目标框架的启动、操纵和有效性检验，以及大学生学习投入程度和大学生学习感知决策模式的测试，均与实验七相同，大学生情绪状态的测试材料见附录4，具体实验流程也与实验七相同。

三、研究结果

（一）学习任务目标框架操纵效果的检验

检验过程及检验结果同实验七。

（二）学习任务目标框架与情绪状态对大学生学习投入程度的影响

使用 SPSS 软件进行 2×2 的方差分析，考察被试所面临的不同的学习任务目标框架以及不同的情绪状态对大学生学习投入程度这个因变量的影响。对剔除无效数据之后的有效数据进行分析整理，统计结果如表 5－15 所示。

表 5－15　学习任务目标框架操纵效果的检验

实验条件	消极情绪状态		积极情绪状态	
	M	SD	M	SD
收益框架	2.95	2.08	4.20	1.55
损失框架	2.41	1.47	3.93	1.79

以学习任务目标框架和情绪状态为自变量，以大学生学习投入程度得分为因变量对表 5－15 的数据进行完全随机的单因素方差分析，结果表明（见表 5－16）：学习任务目标框架的主效应并不显著，$F(1, 83) = 3.97$，$p > 0.05$；情绪状态对大学生学习投入度的主效应较为显著，$F(1, 83) = 6.85$，$p < 0.05$；在学习任务目标框架与不同情绪状态的交互作用方面，主效应的显著性则得到进一步增强，$F(1, 83) = 10.12$，$p < 0.01$。

表 5－16　学习任务目标框架和情绪状态对大学生学习投入度影响的方差分析

变异来源	因变量	平方和	自由度	均方	F	Sig.
学习任务目标框架	大学生学习投入度	6.62	1	6.62	3.97	0.119
情绪状态	大学生学习投入度	8.77	1	8.77	6.85*	0.047
学习任务目标框架×情绪状态	大学生学习投入度	19.14	1	19.14	10.12**	0.008
误差	大学生学习投入度	40.61	83	2.74		

注：*** 表示 $P < 0.001$，** 表示 $P < 0.01$，* 表示 $P < 0.05$（双尾）。

综上所述，相对于调节不匹配而言（收益框架与消极情绪状态、损失框架与积极情绪状态），在大学生学习投入决策过程中出现了不同的学习任务目标框架与不同情绪状态间的调节匹配效应，即学习任务目标收益框架下处于积极情绪状态中的大学生更倾向于提高其学习投入水平，而学习任务目标损失框架下处于消极情绪状态中的大学生更倾向于降低其学习投入水平（见图 5-11），从而，本实验所提出的 H1a 和 H1b 得到验证。

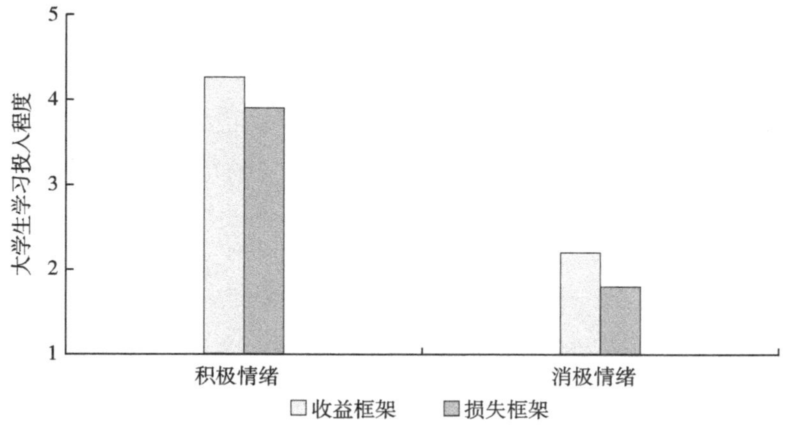

图 5-11　任务目标框架与情绪状态（积极/消极）对大学生学习投入水平的影响

（三）学习任务目标框架与情绪状态对大学生学习认知决策模式的影响

使用 SPSS 软件进行 2×2 的单因素方差分析，考察被试所面临的不同的学习任务目标框架与情绪状态对大学生学习认知决策模式这个因变量的影响。对剔除无效数据之后的有效数据进行分析整理，统计结果如表 5-17 所示。

表 5－17　学习任务目标框架与情绪状态交互作用操纵效果的检验

实验条件	消极情绪状态		积极情绪状态	
	M	SD	M	SD
收益框架	2.77	1.63	4.33	1.36
损失框架	2.42	1.31	4.10	1.46

以学习任务目标框架和情绪状态为自变量，以大学生学习认知决策模式的得分为因变量，对表 5－17 的数据进行完全随机的单因素方差分析，结果表明（见表 5－18）：学习任务目标框架的主效应并不显著，F（1，83）＝5.01，p＞0.05；情绪状态对大学生学习认知决策模式的主效应较为显著，F（1，83）＝7.87，p＜0.05；在学习任务目标框架与情绪状态的交互作用方面，主效应的显著性则得到进一步增强，F（1，83）＝11.26，p＜0.01。

表 5－18　学习任务目标框架和学习任务难度对大学生学习认知决策模式影响的方差分析

变异来源	因变量	平方和	自由度	均方	F	Sig.
学习任务目标框架	大学生学习认知决策模式	6.68	1	6.68	5.01	0.093
情绪状态	大学生学习认知决策模式	9.11	1	9.11	7.87*	0.041
学习任务目标框架×情绪状态	大学生学习认知决策模式	21.32	1	21.32	11.26**	0.007
误差	大学生学习认知决策模式	41.62	83	2.52		

注：*** 表示 P＜0.001，** 表示 P＜0.01，* 表示 P＜0.05（双尾）。

综上所述，相对于调节不匹配而言（收益框架与消极情绪状态、损失框架与积极情绪状态），在大学生学习认知决策过程中出现了不同的学习任务目标框架与情绪状态间的匹配效应，即学习任务目标收益框架下处于积极情绪状态的大学生更倾向于采用向学的认知决策模式，而学习任务目标损失框架下处于消极情绪状态的大学生更倾向于采用厌学的认知决策模式（见图5－12），从而H2a和H2b得到验证。

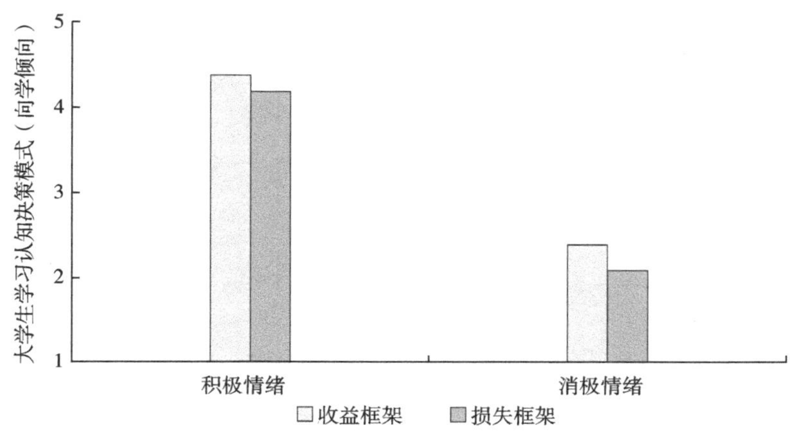

图5－12　任务目标框架与情绪状态（积极/消极）对大学生学习认知决策模式的影响

（四）大学生学习认知决策模式（向学/厌学）的中介作用分析

采用回归分析对大学生学习认知决策模式（向学/厌学）的中介作用进行检验，分析结果如表5－19所示。模型1～4检验了向学的认知决策模式的中介作用。同时，中介变量在自变量对因变量的影响效应中具有部分中介作用。依据同样的方法，表5－19中的模型1和模型5～7检验了厌学的认知决策模式的中介作用，检验结果表明，大学生学习认知决策模式（向学/厌学）在任务目标框架与情绪状态对大学生学习投入水平的影响的关系中具有部分中介作用，从而H3c得到验证。而模型3和模型6则显示向学倾向（0.361***）和厌学倾向（－0.215**）均显著影响大学生学习投入的水平，从而H3a和H3b得到验证。

表 5－19 大学生学习认知决策模式（向学/厌学）的中介作用分析结果

变量	模型 1	模型 2	模型 3	模型 4	模型 5	模型 6	模型 7
	学习投入	向学倾向	学习投入	学习投入	厌学倾向	学习投入	学习投入
目标框架×情绪状态	0.464*** （4.033）						
目标框架×情绪状态		0.473*** （4.058）					
向学倾向			0.361*** （3.174）				
目标框架×情绪状态				0.512*** （5.202）			
向学倾向			0.230** （2.119）				
目标框架×情绪状态					0.470*** （4.110）		
厌学倾向						－0.215** （2.101）	
目标框架×情绪状态							－0.506*** （4.811）
厌学倾向							－0.239** （2.226）
R^2	0.135	0.118	0.171	0.120	0.157	0.162	0.206
F	8.517***	4.734**	14.316***	6.432**	11.231***	12.141***	15.127***

注：*** 表示 $p<0.001$；** 表示 $p<0.01$，括号内为 t 值。

四、讨论与启示

实验九引入大学生学习认知决策模式（向学/厌学）这一组中介变量，检验任务目标框架与情绪状态对大学生学习投入水平的影响机制。研究结果显示，相对于学习任务目标损失框架下的大学生，积极的情绪状态将使学习任务目标收益框架下的大学生采取向学的认知决策模式，进而表现出更高的学习投入度水平；而相对于学习任务目标收益框架下的大学生，消极的情绪状态将使学习任务目标损失框架下的大学生采取厌学的认知决策模式，进而表现出更低的学习投入度水平。

因此，在现实的学习过程中改善和调整好学习者的情绪是潜在的学业成效的中心因素。在这方面，必须强调，如果大学生个体能更好地控制自己的情绪，他们可能会享受到更高效的学习生活。本研究结果对教育学者和政策制定者具有重要意义。也就是说，对于高等教育机构的学生、教育工作者和行政人员等各方来说，深入了解大学生的情绪状态是有益的。从教育者对学生的期望到他们与学生的人际交往，从教学风格到评估方法，教育者对学生情绪状态的敏感性可以在各种各样的教学实践中体现出来。此外，从高等教育的角度看，在大学生的学业生涯中，情绪状态在学生保留方面的作用也非常重要。因此，必须考虑到大学生不同的社会和情感能力，疏导考试带给学生的焦虑，从而激励学生做更彻底的准备，达到更高的学业标准。而大学管理人员和教育工作者如果希望提高学生的学业成绩，为学生进入职场做准备，那么最好将情绪的相关知识纳入他们的课程教学中。

第七节　实验十：不同情绪状态下任务目标框架与感知决策模式的调节匹配效应

一、相关文献综述

相关研究表明，学习者的感知价值，尤其是学业成就、内在价值和效用价值等，与其学习决策显著正相关，例如课程选择和学习行为选择等。这是一种学业自我控制能力的表现，与认知、动机、情绪状态和行为密切相关，可以解释为不同类型的自我控制策略（Costa 和 Faria，2015）。学习者个体可以用于自我控制的策略的多样性表明，未来的相关研究应该将自我控制机制与自我控制策略联系起来，以了解哪些机制对某些自我控制策略更为重要，而对其他策略则不然。于是，学习者的情绪状态（积极/消极）、关注的焦点（现在/过去/未来）等将引申出其更多的关于学习的潜在动机。

学习的自我调节是学生为了达到自己的学习目标而独立规划、监控和反思自己的认知、行为、动机和情绪管理的过程，与计划、监控和反思自己学习的能力和对学习成功的期望有关。在学习过程的不同阶段，例如计划学习阶段或学习期间，都可能出现与学习疲劳（或倦怠）有关的问题，即与学习相关的情绪能量缺乏、疲劳和倦怠。当学生在学习过程中遇到诸如学习与个人生活和工作相结合的挑战时，自我调节就变得更加重要。而当学生试图对自己的学习承担更多的责任时，他们的学习能量可能会增加，否则，他们就有可能表现出学习倦怠（Hofmann 等，2012）。

与学习有关的消极情绪是指学生对学习失去兴趣，远离学习的情况。有证据表明，学习成绩优异的大学生之所以情绪激昂，是因为他们对自己的要求很高。而大学学习期间与学习相关的疲惫感也预示着工作生活中的疲惫感。提升自我调节能力的方法之一是同伴学习。同伴学习是指学生在互动中学习的一种相互学习活动，同伴学习可能发生在非正式或正式的学习情境中。在同伴学习过程中，学生也可以和同伴一起调节自己的情绪状态，在学习期间，情绪状态的支持可以发挥关键作用（Bowen 等，2018）。

本研究同样运用收益/损失来操纵学习任务目标框架，运用积极/消极来测量大学生的情绪状态，并通过感知利得或感知利失来操纵大学生学习的感知决策模式。

基于以上分析，我们提出实验十的研究假设。

假设 1a：相对于学习任务目标损失框架下的大学生，积极的情绪状态将使学习任务目标收益框架下的大学生采取感知利得的感知决策模式。

假设 1b：相对于学习任务目标收益框架下的大学生，消极的情绪状态将使学习任务目标损失框架下的大学生采取感知利失的感知决策模式。

假设2a：大学生感知利得的感知决策模式显著影响其学习投入度。

假设2b：大学生感知利失的感知决策模式显著影响其学习投入度。

假设2c：大学生感知决策模式（感知利得/感知利失）是学习任务目标框架与情绪状态影响大学生学习投入度的中介变量。

基于以上假设，我们构建了本实验的研究模型，见图5-13。

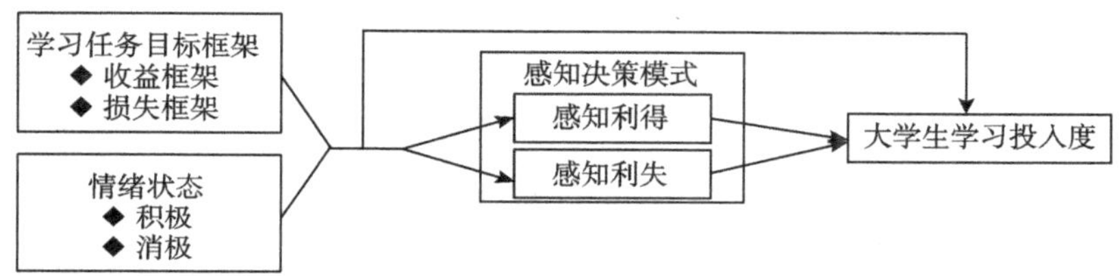

图5-13　实验十研究模型

二、研究过程

（一）实验被试的安排

同实验九。

（二）实验程序的安排

本实验中学习任务目标框架的启动、操纵和有效性检验，以及大学生学习投入程度和大学生情绪状态的测试，均与实验九相同，大学生学习感知决策模式的测试材料见附录1，具体实验流程也与实验九相同。

三、研究结果

（一）学习任务目标框架与情绪状态对大学生学习感知决策模式的影响

使用SPSS软件进行2×2的单因素方差分析，考察被试所面临的不同的学习任务目标框架与情绪状态对大学生学习感知决策模式这个因变量的影响。对剔除无效数据之后的有效数据进行分析整理，统计结果如表 5－20 所示。

表 5－20　学习任务目标框架与情绪状态交互作用操纵效果的检验

实验条件	消极情绪状态		积极情绪状态	
	M	SD	M	SD
收益框架	3.07	1.92	3.85	1.67
损失框架	2.32	1.82	3.51	1.85

以学习任务目标框架和大学生情绪状态为自变量，以大学生学习感知决策模式的得分为因变量，对表 5－20 的数据进行完全随机的单因素方差分析，结果表明（见表 5－21）：学习任务目标框架的主效应并不显著，$F(1, 83)=3.17$，$p>0.05$；情绪状态对大学生学习感知决策模式的主效应亦不显著，$F(1, 83)=5.29$，$p>0.05$；在学习任务目标框架与情绪状态的交互作用方面，主效应的显著性明显增强，$F(1, 83)=7.83$，$p<0.05$。

表 5－21　学习任务目标框架和学习任务难度对大学生学习感知决策模式影响的方差分析

变异来源	因变量	平方和	自由度	均方	F	Sig.
学习任务目标框架	大学生学习感知决策模式	4.81	1	4.81	3.17	0.331
情绪状态	大学生学习感知决策模式	7.44	1	7.44	5.29	0.093
学习任务目标框架×情绪状态	大学生学习感知决策模式	13.60	1	13.60	7.83*	0.045
误差	大学生学习感知决策模式	30.11	83	2.76		

注：*** 表示 P＜0.001，** 表示 P＜0.01，* 表示 P＜0.05（双尾）。

综上所述，相对于调节不匹配而言（收益框架与消极情绪状态、损失框架与积极情绪状态），在大学生学习感知决策过程中出现了不同的学习任务目标框架与情绪状态间的匹配效应，即学习任务目标收益框架下处于积极的情绪状态的大学生更倾向于采用感知利得的决策模式，而学习任务目标损失框架下处于消极的情绪状态的大学生更倾向于采用感知利失的决策模式（见图5－14），从而H1a和H1b得到验证。

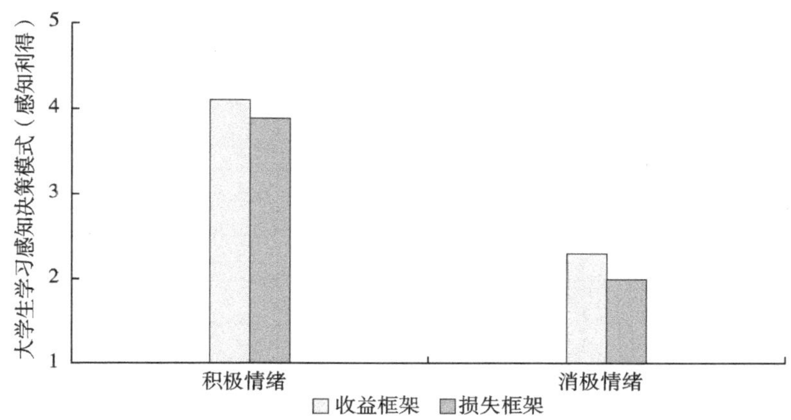

图5－14　任务目标框架与情绪状态（积极/消极）对大学生学习感知决策模式的影响

（二）大学生学习感知决策模式（感知利得/感知利失）的中介作用分析

采用回归分析对大学生学习感知决策模式（感知利得/感知利失）的中介作用进行检验，分析结果如表5－22所示。模型1～4检验了感知利得决策模式的中介作用。同时，中介变量在自变量对因变量的影响效应中具有部分中介作用。依据同样的方法，表5－22中的模型1和模型5～7检验了感知利失决策模式的中介作用，检验结果表明，大学生学习感知决策模式（感知利得/感知利失）在任务目标框架与情绪状态对大学生学习投入水平的影响关系中具有部分中介作用，从而H2c得到验证。模型3显示感知利得（0.322***）正向影响大学生学习投入水平，而模型 6 显示感知利失（-0.226^{**}）负向影响大学生学习投入水平，从而假设 2a 和假设 2b 得到验证。

表 5-22　大学生学习感知决策模式（感知利得/感知利失）的中介作用分析结果

变量	模型 1	模型 2	模型 3	模型 4	模型 5	模型 6	模型 7
	学习投入	感知利得	学习投入	学习投入	感知利失	学习投入	学习投入
目标框架×情绪状态	0.353*** (3.441)						
目标框架×情绪状态		0.319*** (3.004)					
感知利得			0.322*** (3.767)				
目标框架×情绪状态				0.382*** (4.719)			
感知利得				0.220** (2.107)			
目标框架×情绪状态					0.404*** (3.692)		
感知利失						-0.226** (3.133)	
目标框架×情绪状态							-0.385*** (3.515)
感知利失							-0.173* (2.361)
R^2	0.160	0.109	0.170	0.202	0.144	0.154	0.138
F	12.149***	5.062**	13.370***	15.722***	8.651**	9.876***	7.221**

注：*** 表示 $p<0.001$；** 表示 $p<0.01$，括号内为 t 值。

四、讨论与启示

实验十引入大学生学习感知决策模式（感知利得/感知利失）这

一组中介变量，检验任务目标框架与情绪状态对大学生学习投入水平的影响机制。研究结果显示，相对于学习任务目标损失框架下的大学生，积极的情绪状态将使学习任务目标收益框架下的大学生采取感知利得的决策模式，进而表现出更高的学习投入度。而相对于学习任务目标收益框架下的大学生，消极的情绪状态将使学习任务目标损失框架下的大学生采取感知利失的决策模式，进而表现出更低的学习投入度。

实验十的研究表明，一项学习活动的内在动机（如个人关联性、认知决策模式等）预示着大学生更多的情绪状态及其组合。因此，解释大学生学习感知决策模式（感知利得/感知利失）中介作用的一个可能的机制是，大学生的情绪状态对于其学习投入这一动态过程产生显著的干预作用。这些研究结果表明，相关干预工作首先应针对大学生感知决策的特点，即促进并提升大学生学习活动的主观价值，从而培养其积极的情绪状态，减少消极的情绪状态。要在日常学习中发现大学生的个人价值和意义。然而，研究结果也表明了一个更加多样化的现实，情境价值和情绪的模式随着学生更普遍的学习方法的个体差异而不同。有价值的活动可以激发学生，减少学生的负面情绪，但研究结果也表明，并非所有学生都如此。虽然较高的任务价值倾向于减少消极情绪，但研究结果表明，这种消极联系可以弱化，特别是对那些进入大学的学生来说。例如，参与度低的学生可能会将重要任务视为外部激励和压力。因此，即使任务的价值很明确，他们也不一定感受到积极的情绪。

第六章

结论与展望

第一节　主要结论

在考察和分析我国大学生学习投入现状、问题及行为表现的基础上，提出和制订解决相关问题的方案与实施路径，是本研究的根本目标。为此，本研究首先考察相关核心变量的内涵、属性、维度，及其形成、运行、调节与控制机制等，然后设计和构建一个中国情境下学习任务目标框架导向的、适合实验研究的大学生学习投入行为决策模型，以揭示其内在机制，设计并运用十个实验研究分析大学生学习投入行为决策的影响因素与行为表现。

综合相关文献，本研究认为，目前有关大学生学习投入问题的理论研究具有四个特点：①相关学者分别就影响大学生学习投入的各个因素所进行的理论研究较为深入，但缺少共同的逻辑主线；②目前国内外大多采用基于问卷的实证研究方法，而通过回忆或回想获取的调查数据难以反映研究对象内心的真实想法，研究结果的真实性和准确性将受到一定影响；③目前国内采用操控某些因素或条件的实验研究方法，直观考察大学生学习投入各影响因素间调节定向/匹配效应的研究领域仍属空白；④国内目前的相关研究更多地采用或借鉴（修订）国外学者开发的量表，因而中国情境下对大学生学习投入相关问题进行相关量表开发和实验研究的空间较为广阔。

根据大学生自我效能感（正向/负向）在学习任务目标对大学生学习投入水平影响中的调节效应的研究结果，本研究认为：第一，要丰富大学生学习任务目标，实现个性化学习；第二，要提升大学生自我效能感，实现自主化学习；第三，要加强大学生学业生涯规划，实现动态化学习。

本研究从学业任务感知价值的中介效应以及情绪状态的调节效应的角度出发，探讨学业挑战度对大学生学习投入产生的影响。实证研究结果表明，在管理大学生的学习行为方面，应注重系统思考，科学设计大学生学业挑战度；培养兴趣，激发大学生积极的学习情绪；注重体验，提升大学生学业任务感知价值；印象管理，内生驱动大学生学习投入水平。

基于任务难度的学习任务目标框架对大学生学习投入影响的正交实验研究结果表明，要设计积极的学习任务目标框架，提升产品设计课程大学生学习的情感投入度；调节学习任务难度水平，提升产品设计课程大学生学习的行为投入度；培养大学生的自我效能感，提升产品设计课程大学生学习的认知投入度。而基于情绪状态的学习任务目标框架对大学生学习投入影响的正交实验研究结果则表明，要精心设计积极的学习任务目标框架，提升艺术设计专业大学生学习的行为投入度；适度调节大学生的情绪状态，提升艺术设计专业大学生学习的情感投入度；持续培养大学生的自我效能感，提升艺术设计专业大学生学习的认知投入度。

围绕大学生认知/感知决策模式与学习投入的调节定向/匹配效应实验研究的结果，本研究发现：大学生个体调节定向特质在其学习认知决策偏好上存在显著的差异性，即促进定向的个体相对更偏好向学倾向，防御定向的个体相对更偏好厌学倾向；大学生个体调节定向特质在其学习感知决策偏好上存在显著的差异性，即促进定向的个体相对更偏好感知利得倾向，防御定向的个体相对更偏好感知利失倾向；在大学生学习投入“向学倾向”的认知决策模式下，促进定向的个体更倾向于提高自己的学习投入度，防御定向的个体更倾向于降低自己的学习投入度，即调节匹配效应显著；对特定学习任务价值更高的感知与个体（情境中）较高的学习积极性和较低的学习消极性显著相关。

围绕大学生任务目标框架与大学生学习投入的调节匹配效应的实验研究有如下发现。

①在大学生学习投入决策过程中出现了不同的学习任务目标框架与认知决策模式间的匹配效应，即学习任务目标收益框架下的大学生更偏好于向学的认知决策模式，而学习任务目标损失框架下的大学生更偏好于厌学的认知决策模式，而当两种不同的学习任务目标框架下的大学生个体分别使用各自所偏好的认知决策模式进行学习投入的决策时，即达成调节匹配，相比较调节不匹配，这种匹配效应会使大学生对决策后所做选择给出更积极的评价。

②在大学生学习投入决策过程中出现了不同的学习任务目标框架与感知决策模式间的匹配效应，即面对学习任务目标收益框架的大学生更偏好采用感知利得的感知决策模式，而学习任务目标损失框架下的大学生更偏好采用感知利失的感知决策模式，而当两种不同的学习任务目标框架下的大学生个体分别使用各自所偏好的感知决策模式进行学习投入的决策时，即达成调节匹配，相比较调节不匹配，这种匹配效应会使大学生对决策后所做选择给出更积极的评价。

③相对于调节不匹配而言（收益框架与低学习任务难度、损失框架与高学习任务难度），在大学生学习投入决策过程中出现了不同的学习任务目标框架与学习任务难度间的匹配效应，即学习任务目标收益框架下面对高学习任务难度的大学生更倾向于提高其学习投入水平，而学习任务目标损失框架下面对低学习任务难度的大学生更倾向于降低其学习投入水平。

④相对于调节不匹配而言（收益框架与低学习任务难度、损失框架与高学习任务难度），在大学生学习感知决策过程中出现了不同的

学习任务目标框架与学习任务难度间的匹配效应，即学习任务目标收益框架下面对高学习任务难度的大学生更倾向于采用感知利得的决策模式，而学习任务目标损失框架下面对低学习任务难度的大学生更倾向于采用感知利失的决策模式。

⑤相对于学习任务目标损失框架下的大学生，积极的情绪状态将使学习任务目标收益框架下的大学生采取向学的认知决策模式，进而表现出更高的学习投入度水平；而相对于学习任务目标收益框架下的大学生，消极的情绪状态将使学习任务目标损失框架下的大学生采取厌学的认知决策模式，进而表现出更低的学习投入度水平。

⑥相对于学习任务目标损失框架下的大学生，积极的情绪状态将使学习任务目标收益框架下的大学生采取感知利得的决策模式，进而表现出更高的学习投入度；而相对于学习任务目标收益框架下的大学生，消极的情绪状态将使学习任务目标损失框架下的大学生采取感知利失的决策模式，进而表现出更低的学习投入度。

第二节　不足与展望

鉴于目前的社会背景和现实环境，一方面，大学生在学习投入方面目前存在的相关问题及其表现尚未引起包括大学生在内的社会各方的高度重视，特别是面临巨大的就业压力，人们往往很少从大学生学习投入水平的角度去思考相关问题；另一方面，国内理论界更多聚焦于课程建设、教学方法与策略改革、创新创业教育等领域，而对于以大学生为主体的学习行为本身则关注较少。因此，我们必须认识到大学生学习投入相关问题及其影响的严重性，剖析大学生学习投入问题形成的深层次原因，分析和研究其影响因素及认知、心理、行为表现，提出和制订解决问题的方案与实施路径。

但受限于本人的学术研究能力和理论水平，本研究成果可能存在一定的问题和局限性：一方面，本研究仅对江苏省南京地区部分高校在校大学生学习投入行为的现状和存在的问题进行了较为深入的探讨，缺乏更加广泛的、跨地区的横向比较分析，特别是国内的“双一流”高校，在管理大学生学习行为方面各具特色且卓有成效，应当具有较大的参考价值；另一方面，由于时间和相关数据获取途径所限，本研究并未从纵向的时间序列方向上对相关高校在大学生学习投入行为问题方面总体解决方案的实施效果进行比较研究，针对其在校大学生关于学生学习管理举措的总体评价或满意度也缺乏一个较为深入的调查研究，本研究的研究结论也将因此而缺乏一定的说服力，难以为相关高校进一步改进与优化管理举措提供相应的参考意见。

鉴于此，我们计划在今后的研究中更多地关注国内其他高校，特别是“双一流”高校在提升大学生学习投入度方面的相关工作与管理情况，同时，结合“互联网＋”背景下大学生学习与教师教育教学的新趋势和新特点，取长补短，注重调查研究和实证研究方法的运用，为国内高校更好地应对大学生学习投入等问题带来的挑战提供理论方面的指导。

参考文献

[1] Aczel B., Szollosi A., Bago B.. The effect of transparency on framing effects in within-subject designs [J]. Journal of Behavioral Decision Making, 2018, 31 (1): 25-39.

[2] Ames C.. Classroom: Goals, structures, and student motivation [J]. Journal of Educational Psychology, 1992, 84 (2): 261-271.

[3] Ashford S. J., De Stobbeleir K., Nujella M.. To seek or not to seek: Is that the only question? Recent developments in feedback-seeking literature [J]. Annual Review of Organizational Psychology and Organizational Behavior, 2016, 3 (1): 213-239.

[4] Askham P.. Context and identity: Exploring adult learners' experiences of higher education [J]. Journal of Further and Higher Education, 2008, 32 (1): 85-97.

[5] Bachman L. F.. Some reflections on task-based language performance assessment [J]. Language Testing, 2002, 79 (4): 453-476.

[6] Bandura A., Locke E. A.. Negative self-efficacy and goal effects revisited [J]. Journal of Applied Psychology, 2003, 88 (1): 87-99.

[7] Bandura A.. Self-efficacy mechanism in human agency [J]. American Psychologist, 1982, 37, (2): 122-147.

[8] Barnett R., Coate K.. Engaging the curriculum in higher education [M]. Maidenhead, UK: Open University Press, 2005.

[9] Beckman K., Apps T., Bennett S., Dalgarno B., Kennedy G., Lockyer L.. Self-regulation in open-ended online assignment tasks: the importance of initial task interpretation and goal setting [J]. Studies in Higher Education, 2019-08-20, online first, 1-15.

[10] Berkman E. T., Hutcherson C. A., Livingston J. L., Kahn L. E., Inzlicht M.. Self-control as value-based choice [J]. Current Directions in Psychological Science, 2017, 26 (5): 422-428.

[11] Bieg M., Goetz T., Hubbard K.. Can I master it and does it matter? An intra-individual analysis on control-value antecedents of trait and state academic emotions [J]. Learning and Individual Differences, 2013, 28 (1): 102-108.

[12] Bolino M. C., Kacmar K. M., Turnley W. H., Gilsrap J. B.. A multi-level review of impression management motives and behaviors [J]. Journal of Management, 2008, 34 (6): 1080-1109.

[13] Bowen P., Rose R., Pilkington A.. "Coping with interpersonal relationships within higher education (universities)" [J]. International Journal of Academic Multidisciplinary Research, 2018, 2 (4): 1-11.

[14] Bowlby J.. Attachment (Attachment and loss, Vol. 1) [M]. New York: Basic Books, 1969.

[15] Brindley G., Slatyer H.. Exploring task difficulty in ESL listening assessment [J]. Language Testing, 2002, 19 (4): 369-394.

[16] Brindley G.. Factors affecting task difficulty [M]. In D. Nunan (Ed.), Guidelines for the development of curriculum resources. Adelaide: National Curriculum Resource Center, 1987.

[17] Bryant P., Dunford R.. The influence of regulatory focus on risky decision-making [J]. Applied Psychology: An International Review, 2008, 57 (2): 335-359.

[18] Bryson C., Cooper G., Hardy C.. Reaching a common understanding of the meaning of student engagement [C]. Paper presented at Society of Research

into Higher Education Conference, December 14 – 16, in Wales, 2010.

[19] Bryson C., Hardy C., Hand L.. An in-depth investigation of students' engagement throughout their first year in university [C]. Paper presented at UK National Transition Conference, May 22 – 24, in London, 2009.

[20] Byrnes J. P.. The nature and development of decision-making: A self-regulation model. Mahwah [M]. NJ: Erlbaum, 1998.

[21] Canning E. A., Harackiewicz J. M.. Teach it, don't preach it: The differential effects of directly-communicated and self-generated utility-value information [J]. Motivation Science, 2015, 1 (1): 47 – 71.

[22] Cesario J, Higgins E. T.. Making message recipients "feel right" [J]. Psychological Science, 2008, 19 (5): 415 – 420.

[23] Cesario J., Grant H., Higgins E. T.. Regulatory fit and persuasion: Transfer from "feeling right" [J]. Journal of Personality and Social Psychology, 2004, 86 (3): 388 – 404.

[24] Chang M. C., Wu C. C.. The effect of message framing on pro-environmental behavior intentions [J]. British Food Journal, 2015, 117 (1): 339 – 357.

[25] Christie H., Tett L., Cree V. E., Hounsell J., Mccune V.. A real rollercoaster of confidence and emotions: Learning to be a university student [J]. Studies in Higher Education, 2008, 33 (4): 567 – 81.

[26] Costa A., Faria L,. "The impact of emotional intelligence on academic achievement: a longitudinal study in Portuguese secondary school" [J]. Learning and Individual Differences, 2015, 37 (1): 38 – 47.

[27] Des Marchais J. E.. A Delphi technique to identify and evaluate criteria for construction of PBL problems [J]. Medical Education, 1999, 33 (7): 504 – 508.

[28] Drach-Zahavy A., Erez M.. Challenge versus threat effects on the goal-performance relationship. Organizational Behavior and Human Performance, 2002, 88 (2): 667 – 682.

[29] Dufwenberg M., Gächter S., Hennig-Schmidt H.. The framing of games

and the psychology of play [J]. Games and Economic Behavior, 2011, 73 (2): 459 -478.

[30] Duncan R. A.. Students' perceived value of the community college experience: a mixed methods study [D]. Submitted to the PhD in Graduate School of Leadership and Change, Antioch University, 2018: 135 -145.

[31] Dweck C. S., Leggett E. L.. A social-cognitive approach to motivation and personality [J]. Psychological Review, 1988, 95 (2): 256 -273.

[32] Dweck C. S.. From needs to goals and representations: foundations for a unified theory of motivation, personality, and development [J]. Psychological Review, 2017, 124 (6): 689 -719.

[33] Eccles J.. Who am I and what am I going to do with my life? Personal and collective identities as motivators of action [J]. Educational Psychologist, 2009, 44 (1): 78 -89.

[34] Elliot A. J., Harackiewicz J. M.. Approach and avoidance achievement goals and intrinsic motivation: A meditational analysis [J]. Journal of Personality and Social Psychology, 1996, 70 (3): 461 -475.

[35] Elliot A. J.. Integrating the 'classic' and 'contemporary' approaches to achievement motivation: A hierarchical model of approach and avoidance achievement motivation [M]. In M. Maehr & P. Pintrich (Eds.), Advances in motivation and achievement (pp. 243 -279), Greenwich, CT: JAI Press, 1997.

[36] Ellis R.. Task-based language learning and teaching [M]. Oxford: Oxford University Press, 2003.

[37] Ferguson E. D.. Motivation: A biosocial and cognitive integration of motivation and emotion [M]. New York: Oxford University Press, 2000.

[38] Fredricks J., Blumenfeld P., Paris A.. School engagement: potential of the concept, state of the evidence [J]. Review of Educational Research, 2004, 74 (1): 59 -109.

[39] Friedman R. S., Förster J.. The effects of promotion and prevention cues

on creativity [J]. Journal of Personality and Social Psychology, 2001, 81 (6): 1001 - 1013.

[40] Galla B. M., Amemiya J., Wang M. T.. Using expectancy-value theory to understand academic self-control [J]. Learning and Instruction, 2018, 58 (1): 22 - 33.

[41] Gawronski B., Bodenhausen G. V.. Associative and propositional processes in evaluation: An integrative review of implicit and explicit attitude change [J]. Psychological Bulletin, 2006, 132 (5): 692 - 731.

[42] Gerend M. A., Cullen M.. "Effects of message framing and temporal context on college student drinking behavior [J]. Journal of Experimental Social Psychology, 2008, 44 (4): 67 - 73.

[43] Gordon J., Ludlum J., Hoey J. J.. Validating NSSE against student outcomes: Are they related? [J]. Research in Higher Education, 2008, 49 (1): 19 - 39.

[44] Grange C., Miller A.. Teaching introduction to psychology: promoting student learning using digital storytelling and community engagement [J]. International Journal of Teaching & Learning in Higher Education, 2018, 30 (1): 172 - 183.

[45] Green R. A., Conlon E. G., Morrissey S. A.. Task values and self-efficacy beliefs of undergraduate psychology students [J]. Australian Journal of Psychology, 2017, 69, (2): 112 - 120.

[46] Henry M. A., Shorter S., Charkoudian L., Heemstra J. M., Corwin L. A.. FAIL is not a four-letter word: A theoretical framework for exploring undergraduate students' approaches to academic challenge and responses to failure in STEM learning environments [J]. CBE-Life Sciences Education, 2019, 18 (1): 1 - 17.

[47] Hesketh E. A., Laidlaw J. M.. Developing the teaching instinct, 5: Mentoring [J]. Medical Teacher, 2003, 25 (1): 9 - 12.

[48] Higgins E. T.. Beyond pleasure and pain [J]. American Psychologist,

1997, 52 (12): 1280 – 1300.

[49] Higgins E. T.. Continuities and discontinuities in self-regulatory and self-evaluative processes: A developmental theory relating self and affect [J]. Journal of Personality, 1989, 57 (2): 407 – 444.

[50] Higgins E. T.. How self-regulation creates distinct values: the case of promotion and prevention decision making [J]. Journal of Consumer Psychology, 2002, 12 (3): 177 – 191.

[51] Higgins E. T.. Making a good decision: value from fit [J]. American Psychologist, 2000, 55 (11): 1217 – 1230.

[52] Higgins E. T.. Promotion and prevention experiences: relating emotions to non-emotional motivational states [C]. in J. P. Forgas (eds.), Handbook of affect and social cognition, Hillsdale, NJ, Lawrence Erlbaum Associates, 2001, pp. 186 – 211.

[53] Higgins E. T.. Value from hedonic experience and engagement [J]. Psychological Review, 2006, 113 (3): 439 – 460.

[54] Hofmann W., Baumeister R. F., Förster G., Vohs K. D.. Everyday temptations: An experience sampling study of desire, conflict, and self-control [J]. Journal of Personality and Social Psychology, 2012, 102 (6): 1318 – 1335.

[55] Hulleman C. S., Schrager S. M., Bodmann S. M., Harackiewicz J. M.. A metaanalytic review of achievement goal measures: Different labels for the same constructs or different constructs with similar labels? [J]. Psychological Bulletin, 2010, 136 (3): 422 – 449.

[56] Hur J., Oh J.. Learning, engagement, and technology: Middle school students' three-year experience in pervasive technology environments in South Korea [J]. Journal of Educational Computing Research, 2012, 46 (3): 295 – 312.

[57] Inguva P., Lee-Lane D., Teck A., Anabaraonye B., et al. Advancing experiential learning through participatory design [J]. Education for Che-

mical Engineers, 2018, 25 (3): 16 - 21.

[58] Johnson H. L. , Coles A. , Clarke D. . Mathematical tasks and the student: Navigating " tensions of intentions " between designers, teachers, and students [J]. The International Journal on Mathematics Education, 2017, 49 (6): 813 - 822.

[59] Kahu E. R. . Framing student engagement in higher education [J]. Studies in Higher Education, 2013, 38, (5): 758 - 773.

[60] Kahu E. , Christine S. , Linda L. , Nick Z. . Linking academic emotions and student engagement: mature-aged distance students' transition to university [J]. Journal of Further and Higher Education, 2015, 39 (4): 481 - 497.

[61] Kennett D. J. , Keefer K. . Impact of learned resourcefulness and theories of intelligence on academic achievement of university students: An integrated approach [J]. Educational Psychology, 2006, 26 (4): 441 - 457.

[62] Koljatic M. , Kuh G. D. . A longitudinal assessment of college student engagement in good practices in undergraduate education [J]. Higher Education, 2001, 42 (3): 351 - 371.

[63] Krishnamurthy P. , Carter P. , Blair E. . Attribute framing and goal framing effects in health decisions [J]. Organizational Behavior and Human Decision Processes, 2001, 85 (2): 382 - 399.

[64] Kuh G. D. , Hu S. . Learning productivity at research universities [J]. Journal of Higher Education, 2001, 72 (1): 1 - 28.

[65] Kuh G. D. . The national survey of student engagement: Conceptual framework and overview of psychometric properties [M]. Bloomington, IN: Indiana University Center for Postsecondary Research & Planning, 2001.

[66] LaNasa S. M. , Cabrera A. F. , Trangsrud H. . The construct validity of student engagement: A confirmatory factor analysis approach [J]. Research in Higher Education, 2009, 50 (3): 315 - 332.

[67] Latham G. P. , Locke E. A. . New developments in and directions for goal-

setting research [J]. European Psychologist, 2007, 12 (4): 290 -300.

[68] Levin I., Gaeth G.. How consumers are affected by the framing of attribute information before and after consuming the product [J]. Journal of Consumer Research, 1998, 15 (3): 374 -378.

[69] Li A., Evans J., Christian M. S.. The effects of managerial regulatory fit priming on reactions to explanations [J]. Organizational Behavior and Human Decision Processes, 2011, 115 (2): 268 -282.

[70] Lin Shu-Hui, Huang, Yun-Chen. Assessing college student engagement: development and validation of the student course engagement scale [J]. Journal of Psychoeducational Assessment, 2017, 36 (7): 1 -15.

[71] Lindsay M., Webster E., Haffey A., Hadwin A.. Examining students' self-set goals for self-regulated learning: goal properties and patterns [J]. Studies in Higher Education, 2017, 42 (11): 2153 -2169.

[72] Locke E. A., Latham G. P.. Building a practically useful theory of goal setting and task motivation [J]. American Psychologist, 2002, 57 (9): 705 -717.

[73] Locke E. A., Latham G. P.. New directions in goal-setting theory [J]. Current Directions in Psychological Science, 2006, 15 (5): 265 -269.

[74] Luthans K. W., Luthans B. C., Palmer N. F.. A positive approach to management education The relationship between academic PsyCap and student engagement [J]. Journal of Management Development, 2016, 35 (9): 1098 -1118.

[75] Madhavan P., Lacson F. C., Gonzalez C.. The role of incentive framing on training and transfer of learning in a visual threat detection task [J]. Applied Cognitive Psychology, 2012, 26 (2): 194 -206.

[76] Mann S.. Alternative perspectives on the student experience: Alienation and engagement [J]. Studies in Higher Education, 2001, 26 (1): 7 -19.

[77] Mann T., Sherman D., Updegraff J.. Dispositional motivations and message framing: A test of the congruency hypothesis in college students [J].

Health Psychology, 2004, 23 (3): 330 -334.

[78] Mantou L. N. , Kimberly N. A. . Measuring language mindsets and modeling their relations with goal orientations and emotional and behavioral responses in failure situations [J]. Modern Language Journal, 2017, 101 (1): 214 -243.

[79] Maria T. , Fulmer S. M. . Students' motivational and emotional experiences and their relationship to persistence during academic challenge in mathematics and reading [J]. Learning and Individual Differences, 2013, 27 (1): 35 -46.

[80] Masuda A. D. , E. A. Locke, K. J. Williams. The effects of simultaneous learning and performance goals on performance: An inductive exploration [J]. Journal of Cognitive Psychology 2015, 27 (1): 37 -52.

[81] McKenna G. , Baxter G. , Hainey T. . Adopting a virtual learning environment towards enhancing students' self-efficacy [J]. Journal of Applied Research in Higher Education, 2017, 9 (1): 54 -66.

[82] Megan E. L. , Steven C. . The National Survey of Student Engagement: A university-level analysis [J]. Tertiary Education and Management, 2010, 16 (1): 35 -44.

[83] Meredith A. , Shayla S. , Louise C. , Jennifer M. H. , Lisa A. C. . Fail is not a four-letter word: A theoretical framework for exploring undergraduate students' approaches to academic challenge and responses to failure in STEM learning environments [J]. CBE-Life Sciences Education, 2019, 18 (1): 1 -17.

[84] Molden D. C. , Hui C. M. , Scholer A. A. . Understanding self-regulation failure: A motivated effort-allocation account [M]. San Diego, CA, Elsevier Academic Press, 2016.

[85] National Survey of Student Engagement. NSSE 2013. Engagement indicators. Internal consistency statistics by class level [EB/OL]. Retrieved from http: // nsse. iub. edu/ 2013_institutional_report/ pdf/ EI% 20 Intercor-

relations %202013. Pdf.

[86] Newmann F. M., Wehlage G. G., Lamborn S.. The significance and sources of student engagement [M]. New York: Teachers College Press, 1992.

[87] NSSE (National Survey of Student Engagement). Public reporting of student engagement results [R]. Retrieved March 24, 2009 from http://nsse.iub.edu/html/Public_Reporting_Engagement_Data.Cfm.

[88] Oznur G. E., Erdil O., Deniz N., Alpkan L.. Positive psychological capital development: a field study by the Solomon four group design [J]. International Business Research, 2015, 8 (10): 102 - 111.

[89] Pardo A., Han F., Ellis R. A.. Combining university student self-regulated learning indicators and engagement with online learning events to predict academic performance [J]. IEEE Transactions on Learning Technologies, 2017, 10, (1): 82 - 92.

[90] Paton D., Kelly G., Burgelt P. T., Doherty M.. Preparing for bushfires: understanding intentions [J]. Disaster Prevention and Management, 2006, 15 (4): 566 - 575.

[91] Payne S. L., Kleine K. L. M., Purcell J., Carter G. R.. Evaluating academic challenge beyond the NSSE [J]. Innovative Higher Education, 2005, 30 (2): 129 - 146.

[92] Pekrun R., Götz T.. Classroom environment, academic achievement, and students'emotions: Multi-level implications of control-value theory [C]. 11th Biennial EARLI Conference for Research on Learning and Instruction, 23 - 27. Aug 2005, Nicosia, Cyprus.

[93] Pham M. T., Avnet T.. Ideals and oughts and the reliance on affect versus substance in persuasion [J]. Journal of Consumer Research, 2004, 30 (4): 503 - 518.

[94] Phillips J. M., Gully S. M.. Role of goal orientation, ability, need for achievement, and locus of control in the self-efficacy and goal-setting

process [J]. Journal of Applied Psychology, 1997, 82 (5): 792-802.

[95] Porter S. R., Rumann C., Pontius J.. The validity of student engagement survey questions: Can we accurately measure academic challenge? [J]. New Directions for Institutional Research, 2011, 150 (1): 87-99.

[96] Reinhart A. M., Marshall H. M., Feeley T. H., Tutzauer F.. The persuasive effects of message framing in organ donation: the mediating role of psychological reactance [J]. Communication Monographs, 2007, 74 (2): 229-255.

[97] Remedios R., Richardson J. E.. Achievement goals in Adult Learners: Evidence from distance education [J]. British Journal of Educational Psychology, 2013, 83 (4): 664-685.

[98] Reschly A. L., Christenson S. L.. Jingle, jangle, and conceptual haziness: evolution and future directions of the engagement construct. In S. L. Christenson, A. L. Reschly, & C. Wylie (Eds.) [M]. New York, Springer, 2012.

[99] Robberson M., Rogers R.. Beyond fear appeals: negative and positive persuasive appeals to health and self-esteem [J]. Journal of Applied Social Psychology, 1988, 18 (3): 277-287.

[100] Rodriguez H. A.. How regulatory focus impacts knowledge accessibility [D]. Degree of Doctor of Philosophy under the Executive Committee of the Graduate School of Arts and Sciences, Columbia University, 2011.

[101] Rodriguez S., Romero-Canyas R., Downey G., Mangels J., Higgins E. T.. Beliefs about the self and task framing: Fit predicts math performance, use of learning resources, and choice [D]. Manuscript under review, 2011.

[102] Ryan R. M.. Deci E. L.. Self-determination theory and the facilitation of intrinsic motivation, social development, and well-being [J]. American Psychologist, 2000, 55 (1): 68-78.

[103] Sanner B.. Learning after an ambiguous change: a grounded integration of

framing and achievement goal theories [J]. Journal of Change Management, 2019, 19 (2): 101 - 121.

[104] Savery J. R.. Overview of problem-based learning: Definitions and distinctions [J]. Interdisciplinary Journal of Problem-based Learning, 2006, 1 (1): 9 - 20.

[105] Schaufeli W. B., Salanova M., Gonza' lez-Roma' V., Bakker A. B.. The measurement of engagement and burnout: A two sample confirmatory factor analytic approach [J]. Journal of Happiness Studies, 2002, 3 (1): 71 - 92.

[106] Seifert T., Pascarella T., Goodman K., Salisbury M., Blaich C.. Liberal Arts Colleges and good practices in undergraduate education: Additional evidence [J]. Journal of College Student Development, 2010, 51 (1): 1 - 22.

[107] Semmer N. K., Elfering A., Jacobshagen N., Perrot T., Beehr T. A., Boos N.. The emotional meaning of instrumental social support [J]. International Journal of Stress Management, 2008, 15 (3): 235 - 251.

[108] Seo M. G., Goldfarb B., Barrett L. F.. Affect and the framing effect within individuals over time: Risk taking in a dynamic investment simulation [J]. Academy of Management Journal, 2010, 53 (2): 411 - 431.

[109] Sideridis G. D.. The causal role of goal importance for the explanation of student study behaviour: Cross-validation with multiple samples [J]. Educational Psychology, 2001, 21 (2): 277 - 298.

[110] Simmons A. L., Ren R.. The influence of goal orientation and risk on creativity [J]. Creativity Research Journal, 2009, 21 (4): 400 - 408.

[111] Skehan P.. Task-based instruction [J]. Language Teaching, 2003, 36 (1): 1 - 14.

[112] Solomonides I., Reid A.. Understanding the relationships between student identity and engagement with studies [C]. Paper presented at Higher Education Research and Development Society of Australasia Conference,

July 6 -9, in Darwin, 2009.

[113] Sönmez N. O.. A review of the use of examples for automating architectural design tasks [J]. Computer-Aided Design, 2018, 96 (2): 13 -30.

[114] Stephen L. P., Karynne L. M., Jim P., Ginger R. C.. Evaluating academic challenge beyond the NSSE [J]. Innovative Higher Education, 2005, 30 (2): 129 -146.

[115] Stephens N. M., Fryberg S. A., Markus H. R., Johnson C. S., Covarrubias R.. Unseen disadvantage: How American universities' focus on independence undermines the academic performance of first-generation college students [J]. Journal of Personality and Social Psychology, 2012, 102 (6): 1178 -1197.

[116] Strati A. D., Jennifer A. S., and Kimberly S. M.. Perceived challenge, teacher support, and teacher obstruction as predictors of student engagement [J]. Journal of Educational Psychology, 2017, 109 (1): 131 -147.

[117] Strati A. D., Schmidt J. A., Maier K. S.. Perceived challenge, teacher support, and teacher obstruction as predictors of student engagement [J]. American Psychological Association, 2017, 109 (1): 131 -147.

[118] Summerville A., Roese N. J.. Self-report measures of individual differences in regulatory focus: A cautious note [J]. Journal of Research in Personality, 2008, 42 (1): 247 -254.

[119] Tanaka A., Murayama K.. Within-person analyses of situational interest and boredom: interactions between task-specific perceptions and achievement goals [J]. Journal of Educational Psychology 2014, 106 (4): 1122 -1134.

[120] Tendhar C., Culver S. M., Burge P. L.. Validating the national survey of student engagement (NSSE) at a research-intensive university [J]. Journal of Education and Training Studies, 2013, 1 (1): 182 -193.

[121] Tierney P., Farmer S. M.. Creative self-efficacy: Its potential antecedents and relationship to creative performance [J]. Academy of Manage-

ment Journal, 2002, 45 (6): 1137 – 1148.

[122] Townsend M. A. R. , Hicks L. . Classroom goal structures, social satisfaction and the perceived value of academic tasks [J]. British Journal of Educational Psychology, 2011, 67 (1): 1 – 12.

[123] Trudel R. , Murray K. B. , Cotte J. . Beyond expectations: The effect of regulatory focus on consumer satisfaction [J]. International Journal of Research in Marketing, 2012, 29 (1): 93 – 97.

[124] Tumasjan A. , Braun R. . In the eye of the beholder: How regulatory focus and self-efficacy interact in influencing opportunity recognition [J]. Journal of Business Venturing, 2012, 27 (5): 622 – 636.

[125] Tuominen-Soini H. , Salmela-Aro K. . Schoolwork engagement and burnout among Finnish high school students and young adults: Profiles, progressions, and educational outcomes [J]. Developmental Psychology, 2014, 50 (2): 649 – 662.

[126] Tversky A. , Kahneman D. . The framing of decisions and the psychology of choice [J]. Science, 1981, 211 (4481): 453 – 458.

[127] Van't Riet J. , Ruiter R. A. , Smerecnik C. , de Vries H. . Examining the influence of self-efficacy on message-framing effects: Reducing salt consumption in the general population [J]. Basic and Applied Social Psychology, 2010, 32 (2): 165 – 172.

[128] Vieira E. T. , Grantham S. . University students setting goals in the context of autonomy, self-efficacy and important goal-related task engagement [J]. Educational Psychologist, 2011, 31 (2): 141 – 156.

[129] Westbrook R. A. , Oliver R. L. . The dimensionality of consumption emotion patterns and consumer satisfaction [J]. Journal of Consumer Research, 1991, 18 (1): 84 – 91.

[130] Wolters C. , Yu S. , Pintrich P. R. . The relation between goal orientation and students' motivational beliefs and self-regulated learning [J]. Learning and Individual Differences, 1996, 8 (2): 211 – 238.

[131] Zepke N.. Non-institutional influences and student perceptions of success [J]. Studies in Higher Education, 2011, 36 (2): 227-242.

[132] 陈超美. CiteSpace Ⅱ：科学文献中新趋势与新动态的识别与可视化 [J]. 情报学报，2009 (6)：401-421.

[133] 陈芳，刘冬岩. 大学生学习投入现状调查与建议——以福建省三所本科院校为例 [J]. 教育评论，2014 (4)：78-81.

[134] 杜志强. 论大学生学习目标的确立 [J]. 湖北经济学院学报（人文社会科学版），2010 (11)：149-150.

[135] 冯阳. 学分制下艺术设计教学模式研究 [D]. 南京：南京艺术学院，2016.

[136] 高洁. 在线学业情绪对学习投入的影响——社会认知理论的视角 [J]. 开放教育研究，2016 (2)：89-95.

[137] 龚少英，王祯，袁新，范宜平. 混合学习环境中动机信念和动机调节与学习投入关系研究 [J]. 开放教育研究，2017 (1)：84-92.

[138] 雷锦锋. "新工科"背景下产品设计专业课程体系建设的思考 [J]. 智库时代，2019 (26)：294-295.

[139] 李西营，黄荣. 大学生学习投入量表（UWES-S）的修订报告 [J]. 心理研究，2010 (1)：84-88.

[140] 李修杰，张安慧. 大学生学习投入水平及相关因素研究 [J]. 上海教育评估研究，2019 (3)：53-56.

[141] 卢忠耀，陈建文. 大学生批判性思维倾向与学习投入：成就目标定向、学业自我效能的中介作用 [J]. 高等教育研究，2017 (7)：69-77.

[142] 倪士光，伍新春. 学习投入：概念、测量与相关变量 [J]. 心理研究，2011 (1)：81-87.

[143] 秦雪敏，赵必华. 35所本科院校学生学业挑战度的现状调查 [J]. 科教导刊，2018 (1)：5-8.

[144] 孙冬梅，柳芸芸. 大学生向学/厌学的影响因素研究 [J]. 黑龙江高教研究，2017 (10)：125-130.

[145] 孙智慧. 公共管理类专业学生挂科预警机制研究 [J]. 中央财经大学

学报，2014（S1）：88－91.

［146］汪雅霜．大学生学习投入度的实证研究——基于2012年“国家大学生学习情况调查”数据分析［J］．中国高教研究，2013（1）：32－36.

［147］王世忠，邹筱雯．民族院校大学生学习性投入与学习收获的影响因素研究——以N民族大学为例［J］．中南民族大学学报（人文社会科学版），2016（6）：187－191.

［148］王赟．混合式学习在高校艺术设计课程中的应用研究［J］．艺术教育研究，2018（7）：92－93.

［149］吴凡．中美研究型大学本科生学业挑战度的比较研究［J］．中国大学教学，2012（10）：92－96.

［150］吴田田．西藏大学本科生学习性投入研究［D］．西藏：西藏大学，2018.

［151］熊素红．调节匹配对消费者的劝说性影响研究综述［J］．外国经济与管理，2011（12）：58－64.

［152］徐远超，徐鑫．大学生学习性投入与在校满意度、向学/厌学的关系［J］．中国健康心理学杂志，2017（1）：50－54.

［153］严卫华．大学生积极情绪对学习投入与学习自我效能感的影响研究［D］．上海：上海师范大学，2016.

［154］杨立军，张薇．大学生学习投入的影响因素及其作用机制［J］．高教发展与评估，2016（6）：49－63.

［155］姚琦，乐国安，伍承聪，李燕飞，陈晨．调节定向的测量维度及其问卷的信度和效度检验［J］．应用心理学，2008（4）：318－323.

［156］余静贵，刘旭辉．基于创新能力培养的产品设计课程群建设的研究与实践［J］．廊坊师范学院学报（自然科学版），2018（4）：94－98.

［157］翟洪江，汪振友．论中美大学学生学习性投入的差异［J］．高教发展与评估，2014（2）：55－61.

［158］张晴，郑勉勉，刘洋，娄明．形成性评价在产品设计表现技法教学中的应用［J］．安徽工业大学学报（社会科学版），2019（1）：71－73.

［159］钟周，郭琳汇，张莞昀，蔡晶磊．内地高校港澳台本科生学习性投

入情况与学习结果研究——以清华大学 2014 年在校生群体为例 [J]. 高教探索，2016（1）：82－88.

[160] 宗梦帆、李莉. 对当前艺术设计专业学习的几点思考 [J]. 江西教育学院学报，2007（6）：127－129.

[161] 佐斌，张陆. 学习目标和人际关系对大学生主观幸福感的影响 [J]. 中国临床心理学杂志，2007（1）：37－39.

附录1 （实验一和实验二的相关问卷）

【调节定向测量问卷】

指导语：下面的题目是对你生活中具体事件的描述，请根据它们在你身上发生的频率，在你认为适当的选项所对应的表格中画“○”

题项	从不	很少	有时	经常	总是
1. 和大多数人相比，你通常无法从生活中得到自己想要的东西吗？					
2. 在你成长过程中，你经常做出一些让你父母无法忍受的事情吗？					
3. 你曾经完成的一些事情的成功让你更加努力吗？					
4. 在你成长过程中，你经常会让父母很烦心吗？					
5. 成长过程中，你经常做一些你父母认为不对的事情吗？					
6. 当你追求一些自己认为重要的事情时，发现你做得并不像想的那样好					
7. 对于你想做的各种事情，你经常做得很好吗？					
8. 你经常遵守你父母定下的规矩吗？					
题项	完全错误	错误	不确定	正确	完全正确
9. 你感觉自己已经朝着成功迈进了					
10. 在生活中，你几乎没有能让自己感兴趣或让自己全身心投入的爱好或活动					

【大学生向学/厌学倾向测量问卷】

指导语：请你用1分钟左右的时间审视自己近期的学习状态，然后基于自己的感觉在你认为适当的选项所对应的表格中画“○”

题项	完全赞同	赞同	不确定	不赞同	完全不赞同
1. 你觉得学校的专业课程设置合理、教师的教学技巧高超、整体教学质量高					
2. 你认为自己已经完全融入校园生活，学习氛围和谐，学习精神饱满					
3. 你有明确的学习目标和积极的学习动机，希望通过努力取得理想的学习成果					

【大学生感知利得/感知利失倾向测量问卷】

指导语：请你用1分钟左右的时间审视自己近期的学习状态，然后基于自己的感觉在你认为适当的选项所对应的表格中画“○”

题项	完全赞同	赞同	不确定	不赞同	完全不赞同
1. 努力学习，你将获得很多，如知识、技能、荣誉等					
2. 努力学习，你将失去很多，如娱乐、休闲、社交等					

附录2 （实验三和实验四的相关问卷）

【促进定向启动测试材料】

生活中我们每个人都会有一些积极的愿望（如我们想要得到的东西或者想要达到的目标）。请想一想你过去及现在所拥有的愿望各两项，列举在下面的空白处。

过去：①________________________________

②________________________________

现在：①________________________________

②________________________________

完成上述任务后，请立即回答以下三个问题，每个问题均包含两种完全对立的说法，“1”代表最同意左边的说法，“7”代表最同意右边的说法，其他数字代表同意的不同程度。

请在最符合你感受的数字上画“○”。

（1）我更愿意做大家公认的正确的事情	1 2 3 4 5 6 7	我更愿意做自己想做的事
（2）我更愿意去世界各地旅游	1 2 3 4 5 6 7	我更愿意偿还自己的贷款
（3）我更愿意去内心想去的地方	1 2 3 4 5 6 7	我更愿意做履行自己承诺的事情

【防御定向启动测试材料】

生活中我们每个人都会有一些责任和义务（如纳税、工作、赡养父母等必须要做的事）。请想一想你过去及现在所拥有的责任或义务各两项，列举在下面的空白处。

过去：①＿＿＿＿＿＿＿＿＿＿＿＿＿＿＿＿＿＿＿＿＿＿＿＿

②＿＿＿＿＿＿＿＿＿＿＿＿＿＿＿＿＿＿＿＿＿＿＿＿

现在：①＿＿＿＿＿＿＿＿＿＿＿＿＿＿＿＿＿＿＿＿＿＿＿＿

②＿＿＿＿＿＿＿＿＿＿＿＿＿＿＿＿＿＿＿＿＿＿＿＿

完成上述任务后，请立即回答以下三个问题，每个问题均包含两种完全对立的说法，“1”代表最同意左边的说法，“7”代表最同意右边的说法，其他数字代表同意的不同程度。

请在最为符合你感受的数字上画“○”。

（1）我更愿意做大家公认的正确的事情　1 2 3 4 5 6 7　我更愿意做自己想做的事

（2）我更愿意去世界各地旅游　1 2 3 4 5 6 7　我更愿意偿还自己的贷款

（3）我更愿意去内心想去的地方　1 2 3 4 5 6 7　我更愿意做履行自己承诺的事情

【大学生学习投入程度的测量题项】

指导语：请你用 1 分钟左右的时间审视自己当前的学习状态，然后基于自己的感觉在你认为适当的选项所对应的表格中画“○”

题项（第 1 题测量学习态度投入；第 2 题测量学习行为投入）	完全赞同	赞同	不确定	不赞同	完全不赞同
1. 我对学习充满热情，而且学习时心里只是想着学习					
2. 我在学习上投入很多时间，并在学习过程中尽可能努力					

附录 3 （实验五和实验六的相关设计材料）

【学习任务目标收益框架测试材料】

假设你所在的大学规定，想要拿到大学本科学位证书，全国大学英语四级考试的成绩必须在 425 分以上。你目前恰好处于大一下学期，正备考全国大学英语四级考试。就在这时，学校降低了相关要求，即大学英语四级考试的成绩达到 415 分就可以。

阅读上述材料后，请立即回答以下三个问题，每个问题均包含两种完全对立的说法，“1”代表最同意左边的说法，“7”代表最同意右边的说法，其他数字代表同意的不同程度。

请在最为符合你感受的数字上画“○”。

（1）我感觉学习英语的压力更大了　1 2 3 4 5 6 7　我感觉学习英语轻松了很多

（2）我感觉英语课更加枯燥乏味了　1 2 3 4 5 6 7　我感觉英语课越来越有趣了

（3）我将投入更多精力到英语上　1 2 3 4 5 6 7　我将投入更多精力到其他课程上

【学习任务目标损失框架测试材料】

假设你所在的大学规定，想要拿到大学本科学位证书，全国大学英语四级考试的成绩必须在 425 分以上。你目前恰好处于大一下学期，正备考全国大学英语四级考试。就在这时，学校提高了相关要求，即大学英语四级考试的成绩必须达到 435 分。

阅读上述材料后，请立即回答以下三个问题，每个问题均包含两种完全对立的说法，“1”代表最同意左边的说法，“7”代表最同意右边的说法，其他数字代表同意的不同程度。

请在最为符合你感受的数字上画“○”。

（1）我感觉学习英语的压力更大了	1 2 3 4 5 6 7	我感觉学习英语轻松了很多
（2）我感觉英语课更加枯燥乏味了	1 2 3 4 5 6 7	我感觉英语课越来越有趣了
（3）我将投入更多精力到英语上	1 2 3 4 5 6 7	我将投入更多精力到其他课程上

附录4 （实验七～实验十的相关设计材料）

【大学生学习任务难度的测量题项】

指导语：请你用1分钟左右的时间审视表格中所描述的学习任务，然后基于自己的感觉在你认为适当的选项所对应的表格中画“○”

题项（学习任务的主要内容）	非常困难	困难	一般	容易	非常容易
1. 要求你在本次大学英语四级考试中取得班级前5名					
2. 要求你本次大学英语四级考试的成绩高于及格线					

【大学生情绪状态的测量题项】

指导语：请你用1分钟左右的时间审视表格中所描述的情绪状态，然后基于自己的感觉在你认为适当的选项所对应的表格中画“○”

题项（学习任务的主要内容）	非常赞同	赞同	不确定	不赞同	完全不赞同
1. 整个学习过程中我感到愉悦、心情舒畅，我喜欢学习					
2. 整个学习过程中我感到焦虑、不安、痛苦，我想逃避					

【大学生学习投入度的测量题项】

指导语：请你用1分钟左右的时间审视自己当前的学习状态，然后基于自己的感觉在你认为适当的选项所对应的表格中画“○”

题项	完全赞同	赞同	不确定	不赞同	完全不赞同
我对学习充满热情，并始终在学习上投入很多时间和精力